W0048985

Günther H. Ruddies

Ostpreußen waschecht

Humorgeschichten

Husum

Umschlagbild: Edith Wirth, „Frl. Edith Schusterus als ‚Tante Malchen'", 1918
(Abdruck mit freundlicher Erlaubnis von Frau M. Wirth, Heidelberg)

Die Deutsche Bibliothek – CIP-Einheitsaufnahme

Ruddies, Günther H.:
Ostpreussen waschecht : Humorgeschichten / Günther Ruddies.
– Husum : Husum, 1994
  (Husum-Taschenbuch)
  ISBN 3-88042-701-1

© 1994 by Husum Druck- und Verlagsgesellschaft mbH u. Co. KG,
  Husum

Satz: Fotosatz Husum GmbH
Druck und Verarbeitung: Husum Druck- und Verlagsgesellschaft
Postfach 1480, D-25804 Husum

ISBN 3-88042-701-1

Meschkinnes macht anderen Sinnes

Höchste Zeit, Herrschaften, von frevelhafter Untat in Ostpreußen zu berichten. Nicht zu vergleichen mit Regines Tod in Hermann Sudermanns dramatischer Erzählung „Der Katzensteg" oder dem bitteren Ende der „Reise nach Tilsit". Warten wir's ab.

Ein hübsch bunt zusammengewürfeltes Völkchen wuchs zwischen Masuren und Memel auf, Berühmtheiten ohne Frage, Immanuel Kant, Johann Georg Hamann, Ernst Wiechert, Johann Gottfried Herder, E.T.A. Hoffmann, Lovis Corinth, Käthe Kollwitz, nur einige zu nennen. Originale machten von sich reden, Pastor Michael Pogorzelski, Zauberer Gottes genannt, und der schlagfertige Ludwig Ernst Borowski, einziger evangelischer Erzbischof, den es jemals gab. Ganze Berufsgruppen wetteiferten, für humorvoll gehalten zu werden, Pastoren, Grafen, Fischfrauen und Professoren, über die Domnauer Streiche wurde über die Grenzen hinaus gelacht. Zum Glück ging der Nachwuchs an Glumsköppen, Dammlacks, Gnosen, Schubjaks und Pomuchelsköppen ebenfalls nicht aus. Zur Vollständigkeit gehören, wie man sich denken wird, die Helden unserer Geschichte, Karius, der bärtige Einsiedler, nebst seinem Freund Petruleit, auf die ein dusteres Schicksal wartet. So. Es kann losgehen, damit am Ende allen klarer wird, woran „waschechte" Ostpreußen zu erkennen sind.

Was die unterschiedlichsten Menschen gemeinsam hatten, warum verheimlichen, war ihr Durst. Im Winter tranken sie gegen eisigen Frost an, bei klirrender Kälte, im Sommer bei sengender Hitze gegen ausgetrocknete Kehlen und, zwischendurch, bei festlichen Anlässen; kam es schlimm, weil kein Grund an den Haaren herbeizuziehen, tranken sie einfach nur so. Niemand überrascht mehr zu hören, daß sie im Leben viel Zeit darauf verwendeten, mit lebhafter Phantasie neue Getränke auszudenken, mit Geduld zu probieren.

Das Ergebnis der leidenschaftlichen Bemühungen konnte sich sehen lassen, bekamen zärtliche oder furchterregende Bezeichnungen, die Getränke, hießen Kosakenkaffee, Grog, Nikolaschka, Machandel, Koks oder Blutgeschwür, das ist: ein lieblicher Eierlikör für Damen, mit einem Schuß Kirschlikör oder Sherry.

Ei nun, dazu wurden Kunststückchen erfunden, einerseits den Genuß bei der Aufnahme zu fördern, andererseits die Mengenverträglichkeit zu erhöhen. Die Rede ist, keine Frage, vom Pillkaller. Auf das mit klarem Kornschnaps gefüllte Glas wird eine dicke Scheibe Hausmacherleberwurst gelegt, drapiert obenauf mit einem Klacks Mostrich, Senf. Mit geschickten Fingern zum Munde geführt, wird die Masse zuerst gekaut, anschließend mit einem heftigen Ruck hinuntergespült. Unnötig, sich dabei mit einer Wäscheklammer die Nase abzuklemmen, ein Gerücht, nichts weiter.

Besondere Manipulationen erforderte der Wunsch nach einem Weingetränk. Zwar hingen Weintrauben vor mancher Hauswand am schwankenden Holzgerüst, dienten aber überwiegend lediglich als Verzierung oder Nahrung für Stare und Sperlinge. Der Traum vom selbstgezogenen Riesling oder Trollinger platzte buchstäblich mit den ersten Nachtfrösten im Frühherbst.

Der rettende Ausweg hieß Johannisbeerwein, Stachelbeerwein, Holunderwein, kaum ein Obst, das sich nicht für den hehren Zweck eignete. Voraussetzung war das Vorhandensein gehörigen Zubehörs, bestehend aus einem geflochtenen, ballonartigen Korb mit Glasbehälter im Inneren, diversen Glasröhren, einem wärmenden, ewig glimmenden Kochherd im Winter, ach ja, nicht zu vergessen, einer Erbtante. Wie das zusammenging? Sagen wir so: Zunächst wurden Früchte oder Obst zur Gärung angesetzt. Anschließend wurde der tonnenartige Glasbehälter in Herdnähe in Stellung gebracht. Aus einem faustdicken Korken wandt sich eine Glasschlange zu einem wirren Gestänge nach oben, am Ende trichterartig geöffnet. In dieses Loch glubschten während der Wintermonate Familienangehörige, Stallknechte, Schweizer, Hausmädchen, Instleute mit gespannter Aufmerksamkeit. Bildeten sich doch von Zeit zu Zeit kleine Blasen, die blubbernde Geräusche von sich gaben, sobald sie platzten. Spätestens zum Höhepunkt der Prozedur wurde besagte Erbtante eingeladen, sie durfte das erste Schlubberchen nehmen, weil anders nicht mit Sicherheit festzustellen war, ob das gegorene Getränk bekömmlich oder lebensgefährdend war.

Erbarmung, ja, trotzdem ist alles nuscht im Vergleich zum Meschkinnes, den zu fertigen und zu genießen es bis zum heutigen Tage höchster Kennerschaft und Kunstfertigkeit bedarf. Das im Reich unter der Bezeichnung Bärenfang bekanntere, bernsteinfarbene Getränk geht auf älteste Traditionen des Mettrinkens und der Gastfreundschaft zurück. Überlieferungen zufolge ging es in heidnischen Zeiten hoch her. Carl-Friedrich von Steegen schreibt in seinen „Streifzügen durch Ostpreußens Vorgeschichte" im Buch „Unter dem Donnergott Perkunos" (München 1986): „Die traditionellen Rauschmittel waren Met, ein volkstümlicher Honigwein, und vergorene, mit Rinderblut vermischte Stutenmilch, ein Cocktail für die gehobene pruzzische Gesellschaft. Nach alten Chroniken waren die Ureinwohner Ostpreußens ‚nicht der Meinung, für ihre Gäste gut gesorgt zu haben, wenn diese nicht bis zur Volltrunkenheit ihren Getränken zugesprochen hätten'. Sie haben den Brauch, lesen wir weiter, ‚sich zu gleichzeitigen und unmäßigen Zügen zu verpflichten; und so kommt es dann, daß die einzelnen Hausgenossen ihrem Gast ein bestimmtes Getränkemaß verabreichen unter der Bedingung, daß, wenn sie selbst ausgetrunken haben, auch der Gast austrinkt und dieselbe Menge hinunterschüttet. Eine solche Nötigung zum Trinken wird so oft wiederholt, bis der Gast mit den Hausbewohnern, die Ehefrau mit ihrem Mann, der Sohn mit der Tochter allesamt betrunken sind'."

Die Nötigung auszusprechen oder zu ertragen wurde in Ostpreußen von kleinauf geübt. Als ein Stadtjungchen aus Insterburg auf dem Bauernhof aufgepäppelt werden sollte und nach drei Wochen an den hartgekochten Frühstückseiern würgte, erkundigte sich die besorgte Bäuerin: „Hast du keinen Hunger mehr, Jungchen?" „Doch, Hunger hätte ich schon, aber mich eiert nich mehr." Gäste antworteten nach einem dreitägigen Hochzeitsschmaus auf eine diesbezügliche Frage der Gastgeber: „Danke, Speisen und Getränke waren ausgezeichnet. Wir haben uns die Kaldaunen vollgeschlagen – nur die Nötigung hätte besser sein können."

Gut. Das alles kümmerte die beiden Mannchens im gestandenen Alter, sagen wir so, wenig, eine lebenslange Männerfreundschaft verband sie über den Tod hinaus. Karius, der Bärtige, hauste als Einsiedler im Wald zwischen Schirwindt und Lasdehnen, ungefähr, sein Gefährte Petruleit zog in der Provinz umher, sammelte Schrott, Lumpen zum Weiterverkauf. Hatte er genügend Dittchen beisammen, fand er sich bei Karius ein, oft einen gewilderten Hasen oder Fasan im Pungel, erkuberte sich von den Strapazen, half neuen Meschkinnes zu brauen, abzufüllen, in Flaschen zu rollen, bis er bernsteinfarben schimmerte.

Nach Einbruch der Dunkelheit huckten sie am knisternden Holzfeuer vor dem alten Kessel, rauchgeschwärzt und stark verbeult, in den der Einsiedler Bienenhonig einfüllte. Gebannt starrten die beiden Männer auf die sich langsam erwärmende Masse. Bei der nahezu heiligen Handlung schlechte Gedanken zu haben war verpönt.

„Woran denkst du, Petruleit?"

„An das Madamche Tautolat, aus Rapucken, das Luder. Sie hat destilliertes Wasser in den Bärenfang gemischt. Manch einer kennt Verwandte, denen er das Wasser gönnen möchte. Wird in Ostpreußen nicht erzählt, daß mehr Menschen durch Wasser im Meschkinnes als durch die ‚Große Pest' umgekommen sind?"

Ihn schauderte bei der Vorstellung, irgendwer könnte ihm jemals verdünnten Meschkinnes anbieten. Vor Feinden kann sich der Mensch schützen, aber vor Freunden?

Karius setzte ein feierliches Gesicht auf, strich seinen Bart glatt: „Gelten soll mein", sprach er, „Ehrenwort. Ich möchte auf der Stelle tot umfallen, wenn bei mir jemals ein

Tropfen Wasser, etwas anderes als reiner Honig und Alkoholsprit, in den Meschkinnes kommt."

Petruleit sprang auf, umarmte ihn: „Ich vertraue dir Freund, bis in alle Ewigkeit." Stumm, Tränen in den Augen, sie gehören bei Ostpreußen dazu, ohne weiteres, gab er Karius einen Butsch auf die Wange, das ist ein Kuß. Am nächtlichen Himmel zuckte Wetterleuchten wie zur Bekräftigung des Schwurs.

Allmählich wurde es Zeit, den hochprozentigen Sprit mit dem erhitzten Honig zu vermählen. Der Bärtige hantierte mit Gewürznelken, Stangenzimt, aufgeschlitzten Vanillestangen, murmelte durch eine Zahnlücke Beschwörungsformeln, während er in Richtung des aufgegangenen Vollmondes kreisend rührte. Petruleit stellte leere Flaschen in Reih und Glied auf, der Versuchung widerstehend, den Meschkinnes gleich warm zu löffeln. Ein gefährliches Unterfangen, wie er wußte, das Gleichgewicht kommt leicht abhanden, die Beine gehorchen nicht mehr, sacken bleischwer ab.

Am übernächsten Mittag kaufte Petruleit dem Karius einige Flaschen abgelagerter Qualität ab, brach zu einer Tour auf, winkte zum Abschied und verschwand hinter alten Eichen. Unterwegs, nach einiger Zeit, entdeckte er schmerzlich, daß seine Glieder nicht mehr so wollten. War es das Alter, Arthritis, Rheumatismus? Ängstlich rieb er Kopf, Bauch, Arme, Beine, Brust nach alter Gewohnheit mit Meschkinnes ein, trank die doppelte Menge nach dem Aufstehen und vor dem Einschlafen. Bisher hatte diese medizinische Behandlung immer geholfen. Jetzt ging sein Vorrat zur Neige, von Gesundung war nichts zu spüren.

Geschwächt, elend, schwiemelig im Kopf machte sich Petruleit auf den Weg zu seinem Freund, eine doppelte Ration zu holen und sich gründlich auszukurieren. Er stolperte durch den Wald, fiel über Wurzeln, erreichte pustend die Lichtung. Erbarmung, was war das? Vor der Hütte seines besten Freundes Karius stand ein Pferdewagen, mit schwarzen Koddern abgedeckt. Obenauf gebettet lag, wer wohl, der Einsiedler. Mausetot. Wie konnte sowas geschehen, grübelte der Freund, Karius hatte nie einen Arzt gebraucht, fühlte er sich beim Abschied nicht kerngesund?

Petruleit erstarrte, zitterte erschrocken, das machte: die letzte Schnapslieferung war noch nicht bezahlt. Es war ihm peinlich, nie hätte er sich die Unterlassung verzeihen können, dem toten Freund etwas schuldig zu bleiben. Sputig trat er näher, steckte dem verstorbenen Karius pietätvoll bare fünfzig Mark in das Fuppchen seiner Joppe, begab sich anschließend traurig in den Schuppen, wo die Flaschen gelagert und gerollt wurden, solange er zurückdenken konnte. Dort, starr vor Entsetzen, bekam er erst einmal, nennen wir es so, Glubschaugen.

„Erbarmung, nei, da stehen ja Behälter mit destilliertem Wasser. Wie der Augenschein beweist halb, kein Zweifel, leer!"

Rein dammlig im Deetz, worunter man sich einen meist klobigen Schädel vorstellen möchte, taumelte er an die frische Luft. Der Verstorbene, Luntrus selig, mußte heimlich Wasser in den Meschkinnes geschüttet und davon, Donnerschlag, selber getrunken haben, so daß er tot umfiel. Ach Gottchen ja, eine gerechte Strafe für solchen, keine Frage, Frevel.

So. Eine schöne Bescherung. Was sollte nu aus ihm werden, vermutlich hatte Meschkinnes deswegen als Medizin nicht angeschlagen, drohte ihm die Wassersucht? Fuchtig machte Petruleit auf der Stelle kehrt, fummelte einen zerknautschten Zettel aus seiner Kledasche und stellte einen Schuldschein über fünfzig Mark aus. Entschlossen schritt er zu dem toten Karius, grabschte sich das Bargeld, sämtlich, tauschte es bis zum letzten Dittchen gegen das Papier aus, in kaum verhülltem Zorn sprechend: „Den Schuldschein, teurer Freund, kannst du überall einlösen, als gültige Zahlweise für Wasser im Meschkinnes ist er angemessen allemal."

Besuch bei Madamche in Königsberg

Rotspon dampfte in den Gläsern. Über der Runde Alter Herren lag eine unsichtbare Wolke nachdenklichen Schweigens, im Kamin prasselte Feuer, der weißhaarige Amtsrichter stopfte seine Pfeife nach. Der Medizinalrat, der Zahnarzt, der Apotheker mit dem schütteren Haar, sie hingen jeder eigenen Erinnerungen nach. Hatten sie es in der Studentenzeit an der Albertina in Königsberg, als Studiosi nicht toll getrieben in den Kneipen, im berühmten Blutgericht? Die Mädchen waren hinter ihnen hergewesen und sie hinter den Marjellchen, läßt sich die wilde, glückliche Jugendzeit niemals zurückholen? Der Amtsrichter strich zärtlich über seinen gepflegten Bart, legte die Stirne zweifelnd in Falten, ergriff schließlich das Wort und erzählte, dabei vielsagend mit den Augen plinkernd:

Nach meiner Pensionierung habe ich mich hundertmal, wie jeder gestandene Mann im fortgeschrittenen Alter, gefragt: soll ich meine erste Jugendliebe aufsuchen? Wem schlägt nicht der Puls höher bei Gedanken, die vierzig, fünfzig Jahre zurückfliegen, die an das blonde oder schwarze, lebenssprühende Geschöpf, das einem beibrachte, Sinn und Schönheiten des Lebens nicht zwischen trockenen Buchseiten zu suchen, erinnern? So viel Freude widerfährt keinem im Leben, daß er darauf verzichten könnte, diesen Schatz zu heben. Zufällig erfuhr ich ihre Adresse, kurzentschlossen kaufte ich mir kürzlich eine Fahrkarte und fuhr, zugegeben in erwartungsvoller Erregung, nach Königsberg.

Frau Jucknat, so hieß sie jetzt, Gattin eines angesehenen Chefarztes der Universitätsklinik, bewohnte eine Villa in bevorzugter Wohngegend. Nach studentischer Gewohnheit suchte ich sie wie früher gleich nach dem Aufstehen auf, ungefähr gegen 11 Uhr. An der Haustür empfing mich ein Dienstmädchen, mit Knicks.

„Ich möchte gerne zu Anuschka . . .“

„Eine Person solchen Namens wohnt hier nicht.“

„Ich meine Frau Jucknat.“

11

„Ich werde Sie Madamche melden."

Ohne ihren Bescheid abzuwarten, trat ich einfach ein, wie wir es immer gehalten hatten. Anuschka kämmte sich vor einem Spiegel das Haar und schien, angenehm überrascht, zu erröten, als sie mich erblickte.

„Nicht wahr, Sie sind der Klempner und möchten den Wasserhahn reparieren?"

„Erbarmung. Nicht doch – ich bin Hietscherchen, so nennen Ostpreußen liebevoll übermütige Fohlen. Andere möchten Wölfchen, Babuttchen, Heemske, Bärchen bevorzugen, Verliebte wie in unserem Falle ..."

Ihre Haut verfärbte sich um einige Nuancen dunkler, in ihren Augen begann es gefährlich zu glitzern, dem Anblick habe ich schon früher nicht widerstehen können. Ihr schien die Bemerkung auf der Zunge zu liegen, daß Handwerker heutzutage vor nichts zurückschrecken. Besuchen Briefträger, Gerichtsvollzieher nicht Witwen und vereinsamte Hausfrauen, um ihnen für Stunden zärtlich die Zeit zu vertreiben? Sie beherrschte sich jedoch großartig, bewahrte die Form:

„Entschuldigen Sie, mein Herr, im Alter kann ich mir Namen schlecht merken. Es kommen und gehen so viele Leute im Laufe eines Lebens. Zudem führen wir ein großes Haus, wie Sie sich persönlich überzeugen können, unmöglich zwischen Boten aller Art, Schornsteinfegern, Stromablesern, Lieferanten, Milchmännern zu unterscheiden. Sagen Sie selbst, sehen Handwerker nicht einer wie der andere aus?"

Bei ihren Worten, sie klangen wie ein Geständnis, pochte mein Herz schneller. Wie kam sie dazu, so viele Männer zu erwähnen, wollte sie mich rasend eifersüchtig machen? Oder hatte sie lediglich meinen Kosenamen vergessen? Das kann vorkommen, mir blieb keine andere Wahl, als ihrer Erinnerung auf die Sprünge zu helfen.

„Gnädigste werden sich gewiß an meine übermütigen Geschichten erinnern. Ich galt als der beste Witzeerzähler unserer Fakultät. Nehmen wir diesen beispielsweise: Eine Bauersfrau wollte nach Wehlau zum Pferdemarkt fahren. An einer Hand ihr zehnjähriges Jungchen, an der anderen seine Großmutter, wanderte sie zum Bahnhof, begab sich an den Fahrkartenschalter und verlangte: ‚Bitte zweimal Vierter Klasse nach Wehlau und zurück.' Der Beamte musterte durch die Scheibe den Lorbaß, schüttelte den Kopf und sagte: ‚Das Jungchen hat schon Hosen an, für ihn muß voll bezahlt werden.' Darauf die Bäuerin: ‚Wenn es nach die Hosen geht, Herr Beamter, dann fährt das Großchen umsonst.'"

Madamche Jucknat lachte wie damals glockenhell, neigte den Kopf zur Seite und hielt beim Kämmen inne:

„Eine hübsche, wenn auch etwas herbe Anekdote, nur leider kann ich mich überhaupt nicht erinnern, sie jemals aus Ihrem Munde gehört zu haben."

„Bitte sehr, alles ist eine Frage der Geduld, wir wollen nichts überstürzen nach so vielen Jahren, was sage ich, Jahrzehnten. Sie werden aber nicht zögern, diese Geschichte wiederzuerkennen:

Ein Bauer ging im Frühling über seine Wiese und kam an einen Graben, der durch Schmelzwasser stark angeschwollen war. Er nahm alle Kraft zusammen und rief, ehe er übersetzte: ‚Help, leewet Gottke!' Auf der anderen Seite glücklich gelandet, blickte er sich noch einmal um. Nun kam ihm der Graben gar nicht mehr so breit vor, er brummte: ‚Hättst ok gar nich to helpe bruke!' In diesem Augenblick rutschte er an dem feuchten Grabenrand aus und glitt rückwärts ins Wasser. Pudelnaß krabbelte er hoch, blickte noch einmal, diesmal vorwurfsvoll, zum Himmel und meinte treuherzig: ‚Oawer, leewet Gottke, versteihst ok gar kein Spoaßke!'

Gut. Nehmen wir diese:

Der Lehrer einer Dorfschule bei Heydekrug spricht zu seinem Schüler: ‚Jungchen, dein Vater hat mir doch ein Spanferkel versprochen.' Darauf der Schüler: ‚Erbarmung, Herr Lehrer, der Kujel is wieder jesund geworden.' Beim Essen ekelte sich Walterchen vor roten Beeten, die es dreimal die Woche aufgewärmt gab. Als ihn während seines Besuches die Gastgeberin fragte: ‚Walterchen, möchtest du nicht Beeten?' sprach das Jungchen leise und flehentlich: ‚Komm, Herr Jesu, sei unser Gast.'"

Frau Jucknat verzog keine Miene, mir blieb keine Wahl, ich mußte schwereres Geschütz auffahren. Medizinerwitze pflegen lebenslang zu haften: „Ein Patient kommt zum Arzt: ‚Herr Doktor, ich habe mein Glasauge verschluckt.' ‚Das werden wir gleich haben, mein Lieber. Ziehen Sie sich vollständig aus und bücken Sie sich vornüber.' Der Arzt untersucht rektal, kann jedoch nichts entdecken. ‚Tut mir leid, ich sehe nichts.' Der Patient gniddert fröhlich: ‚Aber ich sehe Sie gut, Doktorchen!'"

Vergebens, Frau Jucknat blickte mehrmals unruhig auf die Uhr und läutete dem Mädchen. Die Marjell erschien, knickste.

„Sie trinken Kräutertee ohne Zucker, Herr . . .?"

Mir blieb die Luft weg. Sollte Anuschka wirklich vergessen haben, daß in den Sturm- und Drangjahren nie ein Tropfen Wasser über unsere Lippen gekommen ist? Nikolaschka, Pillkaller, Grog, Meschkinnes, ach Gottchen ja, was hatten wir nicht alles geschluckt, uns dabei für die Ewigkeit Treue geschworen. Behutsam wollte ich ihre Erinnerung herauskitzeln, an maßlose, selige Saufgelage:

„Gütiger Himmel, neun Monate waren wir engstens liiert, niemals habe ich alkoholfreie Getränke vertragen . . ."

Frau Jucknat erhob sich von ihrem samtbezogenen Toilettenhocker, im bestickten Morgenmantel, streckte mir ihre gepflegten Hände entgegen.

„Zu dumm, wie konnte ich übersehen, daß Sie von Medikamenten leben? Allergien gegen bestimmte Getränke, ich verstehe. Immerhin freut es mich, Alterchen, daß sie mich besucht haben. Es ist nie zu spät, im Seniorenalter neue Bekanntschaften zu machen."

„Sagten Sie ‚Bekanntschaft' nach allem, was zwischen uns war?"

„Zügeln Sie Ihre Phantasie, Herr! Die Jahre sind an uns allen nicht spurlos vorübergegangen. Unser Lebensabschnitt ist die Zeit für Plauderei, meinetwegen über vergangene Ereignisse, kindlichen Schabernack und Wipp-

14

chen. Oder lassen Sie uns über neue Bücher sprechen, Backrezepte, ich sammele solche für Königsberger Marzipan. Nehmen Sie Kapern für Klopse?"

Frauen, wer kennt die Frauen? Aus Marjellchen werden Madamchens. Teuere Schwüre, heiße Butschkes, leidenschaftliche Stunden in Mondscheinnächten auf der Kurischen Nehrung, Lager zwischen Kaddikgebüsch in Sanddünen, Wanderungen am weißen Bernsteinstrand in Palmnicken. Alles weg, futsch, als wäre nie etwas gewesen. Statt dessen unterhielten wir uns über Schwarzsauer mit Gänsegekröse, Rindertuberkulose und Stammbäume von Trakehner Hengsten.

Frau Jucknat schien ganz Ohr, dank ihrer Sympathiebekundungen fühlte ich mich beinahe in alte Zeiten zurückversetzt. Zwischendurch erheiterte ich sie mit Anekdoten und Wippchen; selbst wenn sie den Eindruck erweckte, manches bereits aus anderem Munde gehört zu haben, klebten ihre Blicke an meinen Lippen, auf die sie einst so versessen war. Schließlich ergriff Madamche das Wort.

„Mein lieber Herr Hietscherchen, nannten Sie sich nicht so? Lassen Sie mich auch einmal etwas sagen."

„Ich bitte herzlich darum."

„Die Sache ist nämlich die, ich zermartere mir ständig das Hirn . . . Sie haben vorhin über unser angebliches Verhältnis gesprochen . . . es soll drei Monate lang gedauert haben . . ."

„Neun Monate, präzise, wenn ich bitten dürfte. Sowas vergißt man nicht."

„Also neun Monate, ich kann mir nicht helfen . . . selbst wenn Sie mir den Kopf abreißen! Überhaupt, wenn ich mir Ihre schiefe Nase ansehe, das schwache Kinn, die fliehende Stirn, Ohren zum Wegsehen . . . sogar bei Nacht! Nein, nein, ich schwöre, zwischen uns kann niemals etwas gewesen sein, eine Frau weiß das aus Instinkt. Erschießen, töten Sie mich auf der Stelle, aber ich spreche die reine Wahrheit."

Was sollte ich unternehmen? Madamche war um keinen Preis zu überzeugen. So sehr ich mein Hirn zermarterte, mir fiel nichts mehr ein, was ihr Erinnerungsvermögen auffrischen konnte. Andererseits: Wozu auch? Ich muß blind gewesen sein, Schuppen vor den Augen gehabt haben, plötzlich wurde mir klar: ich hatte mich tatsächlich geirrt und sie mit einer gewissen Marischka verwechselt, verzeihlich, nach soviel Jahren, wie ich denke. Diese war Kellnerin in einer kleinen Studentenkneipe gewesen, nicht im Königsberger Blutgericht, lachte aber ebenso glockenhell. Vor allem war ihr Vater nicht Feldwebel bei der Artillerie, sondern Unteroffizier bei der Infanterie gewesen.

Unsere Berta, trautstes Du'chen

Nur Poggen quakten in Tümpeln. Schweigend stapften die beiden älteren Männer durch hohes Gras, bogen mannshohe Halme von Elefantengras zur Seite, nicht irgendwo in Afrika, sondern im äußersten Zipfel Nordostpreußens, nahe der litauischen Grenze. Der russische Taxifahrer hatte sie morgens vom Hotel „Kaiserhof" in Gumbinnen, Gussew, abgeholt. War über eine Stunde die Chaussee Richtung Pillkallen gefahren, später nach Warningken abgebogen. Bis Dagutschen führte ein verwachsener Feldweg mit Schlaglöchern, danach ging es querfeldein. Irgendwann drehten die Räder durch, der Wagen rumpelte, ächzte bedrohlich. Unter einer Baumgruppe hatte Boris, ihm blieb keine andere Wahl, gehalten, war ausgestiegen, beschrieb mit der Hand einen weiten Kreis: „Hier muß es ungefähr sein, Karascho."

Lächelnd machte er es sich unter einem breit ausladenden Lindenbaum bequem, zog aus einem Pungel geräucherten Speck, Schwarzbrot, Salzgurken nebst einem Fläschchen. Schnitt sich daumenbreite Streifen ab, kaute bedächtig, blinzelte in die Sonne, bis ihm die Lider zufielen. Legte sich später auf die Seite zu einem Nickerchen ins Gras, den älteren Männern ein vertrautes Bild von früher.

Boris fuhr mit seinem Taxi wöchentlich ein- bis zweimal diese Tour, wußte, daß geborene Ostpreußen, alte und neue Verwandte, Touristen es gerne hatten, alleine gelassen zu werden. So konnten sie ungestört ihren Erinnerungen nachhängen. Was hätte er auch beitragen können, frühere Straßen, verwachsene Gärten, zerfallene Häuser ausfindig zu machen? Seine Fahrgäste waren gut ausgerüstet, japanische Fotoapparate umgehängt, in der Hand vergilbte Postkarten, Skizzen und Meßtischblätter, streiften sie durch die Gegend, zwischen Hochgefühlen und schmerzlicher Resignation schwankend. Boris war jung, seine Eltern waren aus Kasachstan zugewandert, empfand aufrichtiges Mitgefühl, was seine Freude über Demark oder Dollars nicht minderte, wer will es ihm verdenken.

Die beiden Männer blieben auf einer weiten Ebene stehen, bis zum Horizont dehnte sich steppenähnliche Landschaft. Hohes, saueres Gras wechselte mit Büschen und vereinzelten Baumgruppen ab. Nirgendwo eine Menschenseele zu erblicken. Trieb in der Ferne ein einsamer Reiter eine kleine Herde Rinder zu rar gewordenen Weidestellen?

Nach alter Zeitrechnung war es nicht mehr weit bis Kornaust. Aus einer nahen Wasserpfütze stiegen Mückenschwärme auf, aufgeschichert von einem Storch, Oadebar, stelzend auf Poggenfang. Die Hitze im August war drückend, die Sonne stach vom wolkenlos blauen Himmel.

„Hier muß es gestanden haben", sagte der Ältere. Leicht erregt zog er einen Lageplan aus seinem Fuppchen, das ist: eine Tasche in der Kledasche, auf dem sein früheres Gehöft und Vaterhaus eingezeichnet war. „Keine zwanzig Schritte von hier stand der Giebel des Wohnhauses, im rechten Winkel dazu schloß sich die Scheune an, gegenüber lag der Stall."

Sein Schwager aus Oldenburg war gerne mit Kurt, so hieß der Ältere, mitgereist. Er hatte viel über Ostpreußen gehört, wollte sich nun selbst davon überzeugen, was an den Erzählungen dranwar. Im Augenblick entdeckte er nicht viel mehr als Disteln und Wildnis. Anders Schwager Kurt, bei ihm lebte die Vergangenheit vor seinem inneren Auge real auf. Wie im Traum schritt er die alten Maße des Hofes ab, blieb unverhofft vor einer Kuhle stehen: „Hier stand die Pumpe über dem Brunnen."

Kurtchen, so wurde er früher als Lorbaß gerufen, wurde zusehends aufgeregter, seine Wangen röteten sich, die Augen plinkerten feucht:

„Siehst du die knorrigen Eichen? Am Stamm der ältesten huckten die Marjellchen vom Nachbarche, kakelten und knutschten mit uns."

Der Schwager aus Oldenburg schwieg höflich, konnte sich beim Anblick von Unkraut und einiger zerkrümelter, roter Ziegelsteine nicht zusammenreimen, wie es damals

gewesen sein soll. Was sollte es bedeuten, daß hier Hietscherchen ihren Auslauf hatten, dort hinten die Wäsche
zur Bleiche ausgelegt wurde, im Winter Bowkes auf dem
Poggenteich schlidderten?

Ruckartig blieb Kurtchen wie angewurzelt stehen, er
war mit seinen Schuhspitzen gegen eine Steinplatte in der
Erde gestoßen. Sie war bemoost, an zwei Seiten von hohen
Fliederbüschen überwachsen. Erinnerungsschwer legte
sich seine Stirne in nachdenkliche Falten.

„Sieht aus wie eine Grabplatte", bemerkte der hinzuge-
tretene Schwager, „auch wenn keine Beschriftung zu erkennen ist. Mahnt sie an eine Verstorbene?"

„Gewissermaßen. Ich muß an einen ungewöhnlichen
Sarg denken und an die liebe Berta, unser trautstes
Du'chen."

„Klingt irgendwie geheimnisvoll. Möchtest du nicht
darüber sprechen?"

„Doch, nur ist es eine längere Geschichte, Schwager-
chen. Ostpreußische Geschichten sind nun einmal so. Es
wird benötigt, sagen wir mal, viel Zeit und Geduld, bis einem warm wird ums Herz. Das ist nuscht für hektische
Zeitgenossen mit Computern, Television, die mit moder-
nen Verkehrsmitteln nicht schnell genug vom Fleck kommen. Wir wollen uns dort in den Schatten setzen, dann
werde ich dir von der guten Berta erzählen." Zunehmend
geriet Kurtchen in Fahrt, plieserte die Einzelheiten auseinander, als ob alles gestern passiert wäre:

„Stell' dir vor, wir befinden uns in der Mitte des Zweiten Weltkrieges, ungefähr. Hier, im äußersten Winkel der
anderwärts so genannten Kalten Heimat, auf dem tiefen
Land in Grenznähe, war von den Ereignissen wenig zu
spüren. Die kräftigsten Jungchens waren zwar eingezogen, ab und zu wurde uns ein spachheistriges Ferienkind
aus dem Ruhrgebiet oder von Berlin geschickt, es auf-
zupäppeln. Das war's denn auch schon.

Langsam, kaum merklich, schlichen sich Veränderun-
gen ein. Seltsam, zuerst begannen sich die Schulkinderchen eigenartig zu verhalten. Statt zu spielen, zu angeln,

Fußball zu bolzen, sammelten sie Silberpapier und Zahnpastatuben. Wozu? Ließen sich daraus Panzer und Flieger bauen? Hatten die in Berlin das nötig? Später schwärmten die Bowkes und Marjellchen über Wiesen aus, sammelten Schafgarbe, Kamilleblüten in Mengen, zupften Lindenblüten von den Bäumen, als ob die Wehrmacht unter Husten zusammenbrechen würde, in Kürze."

„Ich habe davon gehört, daß ihr in Ostpreußen auf dem Lande nicht viel von Vitaminen, Spinat und Brennesselsalat gehalten habt."

Kurtchen schüttelte sich bei dem Gedanken.

„Kann einer damit strenge Winter durchhalten, harten Frost und Stiemwetter? Die Widerstandskraft wurde gestärkt durch Geräuchertes, Butter, Eier, Glumse, Bratklopse, Rinderfleck mit Majoran. Warum sonst sollte sich mein Zahnarzt im Westen weigern, alten Ostpreußen die Zähne zu ziehen? Sie seien gesund und sitzen so fest wie bei Gebissen von Elchen, behauptet er." Kurtchen seufzte gedankenschwer.

„Von Kriegsjahr zu Kriegsjahr wurde es schlimmer. Ich spreche von Kontrolleuren, von der Reichsbauernschaft ausgeschickt, Vieh, Getreide für die Ablieferung zu erfassen, sämtlich. Ein Gnupsel von Mensch mit Brille erschien, augenscheinlich ein strafversetzter Beamter aus dem Reich, das Unheil in Person.

Überall schnüffelte das Herrchen herum, ob womöglich irgendwer eine Sau schwarz geschlachtet hatte, mit Äther betäubt für den Fall, daß sie verräterisch laut quiekte. Förderte eine Liste aus der Aktenmappe zutage, begann die Eintragungen mit dem Bestand zu vergleichen: ‚Wieviel Stück Herdbuchvieh? Wo befinden sich die Schafe? Man zeige mir die Pferde, bitteschön.' Jedes Ganterchen zählte er nach, Differts, das sind: Tauben, Enten, eine Gos, Ziege.

Im Hühnerstall verweilte das Herrchen längere Zeit, hielt von Amts wegen einen Vortrag über die vernachlässigte Kunst des Hühnerfühlens, sie stand in Ostpreußen hoch im Kurs. Sprach: ‚Wenn jeder aufrechte deutsche

Hühnerhalter seinen Hennen morgens mit gespreizten Fingern in den After fahren würde, damit das Ei nicht irgendwo im Stroh, unter einer Hecke verlegt wird, hätte das Dritte Reich Millionen Eier mehr, um der Welt die Zähne zu zeigen.' Sein Stolz auf das mißglückte Sprachgebilde hinderte ihn nicht, eine Erschöpfungspause einzulegen."

„War das nicht eine gute Gelegenheit, ihn von weiteren Kontrollen abzulenken?" warf der Schwager aus Oldenburg ein, „inzwischen dürfte der Beamte Hunger und Durst bekommen haben."

„Bestechung, sagen wir mal, kam nicht in Betracht, seine Taschen quollen längst von Schmandflaschen, eingemachten Königsberger Klopsen, Gänseschmalz, Eiern, Glumse mit Kümmel und Sülze über. Im Gegenteil, das Herrchen schien unzufrieden, setzte eine strenge Miene auf, sprach: ‚Es wird nunmehr überprüft, unnachsichtig, der Schweinebestand.' Nach diesen Worten eilte er in den Stall, kroch in den Kojen herum, zählte, verglich, peeste zum Freilauf, kehrte in die Kojen zurück, wischte sich perlenden Schweiß von der Stirn:

‚Es fehlt am deutschen Volksvermögen, stelle ich fest, eine Sau.'"

„Stand auf Schwarzschlachten nicht Zuchthaus, Schwager Kurt?"

„Durchaus. Man mußte sich schon etwas einfallen lassen. Erinnerst du dich an die vermeintliche Grabplatte?"

„Dann hieß Berta die Sau, und sie war gestorben?"

„Das ist eine philosophische Frage. Tot war sie allerdings. Wir führten das Herrchen an diese Steinplatte, plachanderten über Schweinepest und Rotlauf, vielleicht plinste jemand sogar Tränen auf den Stein zu unseren Füßen. Laut gegrübelt wurde hin und her, überhaupt habe es sich bei der Sau bloß um einen sprachheistrigen Kujel gehandelt, depressiven Charakters, ohne Lebensfreude.

Das Herrchen aus dem Reich, so wurden Leute von jenseits der Weichsel genannt, ging auf unseren Schmerz nicht ein.

‚Man kann mir noch soviel erzählen von Berta, der Verblichenen. Die Tierliebe von Ostpreußen ist sprichwörtlich, ich hörte eine Berliner Göre sagen: zuerst geben sie ihren Tieren einen Namen, dann essen sie sie auf.'

Redete sich so richtig in Rage, fuchtelte mit einer Liste in der Luft herum, putzte die vor Aufregung beschlagene Brille mehrmals.

‚Nach meiner Kartei muß es sich, ich kann es beschwören, um eine Vierzentnersau gehandelt haben. Ein volkswirtschaftliches Gut von solchem Gewicht löst sich nicht einfach in Luft auf. Der Kontrollgang wird wiederholt, bis zum Endsieg, unter verschärften Bedingungen.'

Dunnerlittchen, noch nie hast du einen Beamten so rennen sehen. Kramte in Scheune und Stall, durchsuchte schnaufend das Haus vom Keller bis zur Lucht, was ein Dachboden ist. Kroch in die Räucherkammer, stocherte im Stroh, hob den Deckel von Kumstfässern in die Höhe. Überall rein gar nuscht. Hätte das Herrchen nicht rechtzeitig den letzten Zug vor Feierabend in Pillkallen erreichen müssen, wer weiß, wie er uns sonst noch gezwiebelt hätte.

Im Pferdewagen kutschierte ich ihn zur Bahnstation. Dicke Tränen kullerten aus seinen Augen, der Mißerfolg hatte den Kontrolleur sichtlich mitgenommen. Im Zugabteil verstaute er seine Ausbeute, Schmandflaschen, Säckchen mit Mehl, ein gerupftes Huhn, zwei Kaninchen im Kaburr, bevor er seinen Kopf aus dem Abteilfenster steckte:

‚Auf Ihrem Dachboden habe ich Särge stehen sehen. Wie Sie sagten, nach Sitte eines vom Kurischen Haff eingeheirateten Vorfahren. Jedes Jungchen, wenn es erwachsen wird, schreinert seinen Sarg und stellt ihn auf der Lucht, wie Sie es nennen, ab. Mir gefällt solches Brauchtum, glauben Sie mir.'

Meine Knie fingen an zu zittern, der Puls beschleunigte sich. Worauf würde er weiter zu sprechen kommen? Warum fuhr der Bummelzug nicht endlich ab? Das Herrchen hob seine Stimme, schneidend:

‚Existieren in der Familie Zwillinge? Heraus mit der Sprache!'

‚Nein, niemals, meines Wissens.'

‚Dann frage ich mich allerdings in diesem Augenblick, für wen der breite Doppelsarg, die seltsamste Erfindung, die mir je unter die Augen gekommen ist, vorgesehen war?'

Erbarmung, was nu? Zum Glück pfiff die Lokomotive laut, dampfte, zischte, zockelte langsam los, hätte jedes Wort übertönt.

Sputig trieb ich meine Pferdchen an, im Galopp ging es nach Hause. Unsere liebe Berta, das trautste Du'chen, sollte uns keiner mehr nehmen dürfen. Und kalte Wurstsuppe war erst recht nuscht für unsereiner."

Der Gumbinner Elch ist wieder da

Diese Geschichte erzählt, beim pruzzischen Donnergott Perkunos, Unmögliches wie die phantastischen Romane von Jules Verne „Von der Erde zum Mond" und „Die Reise um die Erde in 80 Tagen". Konnte der berühmte Autor ahnen, daß heutzutage Zeitgenossen schneller um den Globus jetten als er damals schreiben konnte? Phantasie verrät, kein Zweifel, eine gehörige Portion Sinn für reale Möglichkeiten.

Vielleicht sind darum kaum zu glaubende Berichte beliebt, von Inkarnierten beispielsweise, die Eide schwören, vor Jahrhunderten als Kleopatra, in der Gestalt eines bierbrauenden Mönches gelebt zu haben. Der Spinnerei, womöglich der Lüge hingegen wäre ein Science-fiction-Schriftsteller bezichtigt worden, hätte er vor wenigen Jahren behauptet, na was wohl: Grüne Männchen vom Mars haben dem gesperrten Territorium Nordostpreußen mit fliegenden Untertassen einen Besuch abgestattet, Königsberg einschließlich, alias Kaliningradskaja Oblast!

So besehen nehmen sich die jüngsten Begebenheiten rund um den Gumbinner Elch wie nüchterne Tatsachen aus. Ach Gottchen ja, nuscht ist erfindungsreicher als die Wirklichkeit. Wer nicht glauben will, was alles passierte, soll sich lieber kalt duschen, aber nicht weiterlesen. Oder er kann sich einbilden, daß ein Gumbinner bloß alles geträumt hat. Manch einer traut Träumen ohnedies mehr zu als dem Augenschein. Ob es ein wirklicher Traum war oder ob sein Traum Wirklichkeit wurde? Erst mal zuhorchen: Den Mittelpunkt seiner lebhaften Vorstellungen bildete die Hauptfigur, der Elch, wie sich von selbst versteht. Keiner aus Fleisch und Blut, denn in der nordöstlichsten Regierungshauptstadt des Deutschen Reiches, Gumbinnen, gab es in den letzten Jahrhunderten alles mögliche, bloß keine Elche. Allenfalls hatte sich im nacheiszeitlichen Übergang von der Tundra in Urwaldlandschaft ein Einzelgänger im Weg geirrt, war den Pregel entlang bis zur Pissa und weiter ostwärts gelaufen.

Am wohlsten fühlte sich der zur Hirschfamilie zählende alces alces zwischen Weichsel und Memel. Vorzugsweise verspeiste er große Mengen an Zweigen und Blättern, Triebe von Weichhölzern, vor allem Sumpf- und Wasserpflanzen. Wer in der Neuzeit einen Elch leibhaftig sehen wollte, im Wasser, Sumpf stehend oder in der Ostsee schwimmend, mußte sich zum Kurischen Haff bequemen, auf die Kurische Nehrung oder ins Große Moosbruch.

Niemals wäre es Gumbinnern eingefallen, ein stolzes Tier einzusperren, in einem großen Kaburr für ein paar Dittchen lebendig zur Schau zu stellen. Den Anblick von Unfreiheit hätten sie nicht ertragen. Sie begnügten sich damit, ein Elchstandbild aufzustellen, von Künstlerhand entworfen, aus Metall gegossen, für die Ewigkeit sozusagen.

So stand er lange auf dem Gumbinner Magazinplatz, beglubschte von seinem hohen Sockel gelassen das Treiben der Leute von oben. War ein beliebter Treffpunkt für Jungchen und Marjellchen, nicht zu verwechseln mit dem Denkmal des Gründers der Stadt Gumbinnen, König Friedrich-Wilhelm I., vor dem Regierungsgebäude. Der freundliche alte Herr, immerhin, winkte aus der Nähe mit dem rechten Arm seinem denkmaligen Schicksalsgenossen gnädig zu.

Der Held im Traum, der echte Gumbinner Elch, stand ursprünglich auf einem Sockel, fest auf vier Beinen, für Elche nicht unüblich. Das linke vorn leicht vorgezogen, das rechte rückwärts gestemmt. Die hinteren Beine gespreizt, bieten sie dem massigen Körper festen Halt. Obenauf thront ein trutziger Kopf, gekrönt von einem stolzen Schaufelgeweih. Wen wundert, daß so ein Elch Eroberer, Bomben, Diktaturen, Vertreibung, sogar turbulente Stadtfeste überlebt?

Dazu werden benötigt, wie man weiß, Menschen. Was fällt unserem Gumbinner zu diesem Stichwort nicht alles ein. Im Jahre 1948 wurden die letzten deutschen Einwohner von Sowjets aus der Stadt gewiesen. Von nun an lebten keine Gumbinner mehr in Gumbinnen. Die neuen Bewohner nannten die Stadt Gussew. Alles hatten die Einheimi-

schen bis dahin überstanden, Tatareneinfälle 1656 im Ost-
teil Ostpreußens, 1709–1711 die „Große Pest", eine russische Besetzung während des Siebenjährigen Krieges. Na-
poleons Soldaten zogen auf der Reichsstraße 1 durch
Gumbinnen gen Moskau, flüchteten ausgemergelt zurück;
1914 erschienen zaristische Truppen. Die letzte Besetzung
im Januar 1945 war zuviel. Nicht mehr lange dauerte es, bis
die ansässigen Einwohner weg waren, sämtlich und besag-
ter Elch leider, futsch. Über den nach außen hermetisch ab-
geriegelten Verwaltungsbezirk Kaliningrad legte sich dü-
steres Schweigen, über 40 Jahre lang. Nichts ist so vergäng-
lich wie real existierende Systeme, Verträge und Ordnungen von Mächtigen mit immerwährender Gültigkeit. Das
Römische Reich, das Deutsche Reich und das Britische
Empire, die Sowjetmacht, sie gehören der historischen
Vergangenheit an. Statt dessen Michail Gorbatschow und
Helmut Kohl. Sagte er nicht, daß entscheidend ist, was hinten herauskommt? In diesem Falle der Gumbinner Elch in
Gussew. Erbarmung ja, möchte unser Gumbinner seufzen,
ob ich jetzt beim Kern der Ereignisse angekommen bin,
endlich?

Zwischen alten und neuen Einwohnern entstanden
Kontakte, Briefe gingen hin und her, Besuchsreisen folg-
ten. Hilfslieferungen aus dem Westen fanden den Weg, medizinische Geräte, landwirtschaftliche Maschinen, erbete-
ne Verlegungspläne für Kanalisation und Stromkabel
wurden besorgt. Die Gussewer umarmten dankbar ihre
Besucher, empfingen die Gäste, wollten sich erkenntlich
zeigen. Spassibo. Welche Bitte sie den früheren Gumbinnern erfüllen dürften? Den Elch, das Wahrzeichen, ausfindig machen und wieder aufstellen, was sonst! Nichts leichter als das, die Gussewer machten sich ans Werk. Karascho.

Die erste Spur führte gerüchteweise nach Moskau. Vieles war den Siegern 1945 in die Hände gefallen, wurde nach
Moskau abtransportiert, warum nicht auch der Gumbinner Elch?

Sputig wurde eine Delegation zusammengestellt, wozu
hatte man siebzig Jahre lang im Sowjetsystem geübt, und

an die Moskwa entsandt. Kaum zurück, reisten Beauftragte aus dem Westen an, gespannt auf das Ergebnis. Händeschütteln, freundschaftliche Umarmungen, man tauschte Grüße aus, schlubberte Wodka, erkundigte sich nach dem Wohlergehen von Verwandten, Kinderchen, Großeltern, väterlicherseits und mütterlicherseits. Anschließend wurden beim Essen Toasts ausgebracht, erneut Höflichkeiten ausgetauscht, Gesundheit gewünscht, langes Leben, Gläser mit Wässerchen geleert und rückwärts an die Wand geworfen. Alles hat im Leben seine Zeit. Zu später Stunde kam die Rede, ohne weitere Umschweife, auf den Zweck der Reise. Gerüchte sind so viel wert wie Gerüchte. Tatsächlich stand in Moskau ein Tierdenkmal, soweit erinnerlich vor dem Kavalleriemuseum. Das Objekt wurde vermessen, gewissenhaft in Augenschein genommen, wissenschaftlich untersucht. Am Ende erwies sich das Tier, wer hätte das vermutet, zur allgemeinen Überraschung mitnichten als Elch. Um die ganze Wahrheit zu sagen, hiermit, es handelte sich um eine Pferdefigur, um die Nachbildung des berühmten Hengstes Tempelhüter, original vormals in Trakehnen beheimatet. Eine Kopie des Pferdedenkmals ist öffentlich in Verden an der Aller zu besichtigen. Für die Elchfreunde ein schwacher Trost, leider.

Enttäuschung legte sich auf die Gemüter, Helfer grübelten so und wieder so. Die Idee wurde aufgebracht und verworfen, in der PRAWDA eine Suchanzeige aufzugeben. Irgendwo zwischen Irkutsk und Pillau müßte der Elch doch geblieben sein? Meinungen hielten dagegen, daß bei einer ausgesetzten Belohnung in Devisen Finder aus Cranz, Insterburg, St. Petersburg sich im Dutzend melden könnten. Schließlich käme ein Kombinat auf den Gedanken, Gumbinner Elche aus dem Blech abgerüsteter Raketen in Massen zu fertigen und zusammen mit Palmnicker Bernstein auf den Markt zu werfen?

Verheißungsvoller waren Nachrichten aus Tilsit. Eine zweite Delegation wurde zusammengestellt, bekam Fotografien für vergleichende Untersuchungen mit auf die Reise. Wochen in gespannter Erwartung vergingen. Was war passiert? Die Konterfeis, an die tatsächlich vorhandene Tierfigur gehalten, brachten an den Tag: der Elch in Tilsit hielt nicht das linke Vorderbein vorgeschoben, sondern das rechte. Zudem schien das Schaufelgeweih kümmerlicher zu sein, das rechte Auge glubschte trüber als beim Gumbinner Elch. Eben tilsiterischer.

Die Stimmung sank auf den Tiefpunkt, bis ein Schreiben vom Bürgermeister in Gussew Erlösung brachte. Nach Entzifferung der kyrillischen Schrift offenbarte die Übersetzung ungefähr dieses: der Gumbinner Elch sei glücklich gefunden und wieder aufgestellt. Frühere Einwohner seien eingeladen zu erneuter Einweihung mit anschließendem Stadtfest, herzlich.

Aus allen Himmelsrichtungen brachen sie auf, ehemalige Gumbinner. Ein Fest haben sie sich niemals entgehen lassen, erst recht nicht aus solchem Anlaß. Per Flugzeug, mit Schiffen, im Bus fielen sie in die neugeschaffene Freihandelszone Bernstein (Jantar) ein, ehemalige Schüler, Tanzstundendamen, Gärtner, Briefträger, Beamte, Handwerker samt Enkelchen, Verwandten zweiten und dritten Grades.

Am Festabend standen Tausende richtig vor dem großen Elchstandbild, anders konnte es sich unser Gumbinner gar nicht erträumen, das von einem großen Tuch geheimnisvoll verhüllt war. Vermutungen wurden laut:

Ob sich unter dem Kodder ein falscher Elch verbirgt?

Irgendwie möchte das Janze an eine Herdbuchkuh erinnern!

Man wird uns einen russischen Bären aufbinden!

Dem Krät von Elch sollen se in Keenigsberch jegen Naturalien aufgetrieben haben.

Nach Sonnenuntergang strömten Gussewer und Gumbinner in Scharen zusammen, veranstalteten einen Umzug. Die Stimmung stieg mit jeder Stunde, laut und fröhlich feierten die Menschen, Freunde und Fremde lagen sich in den Armen, aus Bielefeld und Alma Ata, butschten sich ab, blieb wenig Zeit für offizielle Grußbotschaften, Dankadressen. Hörten nach einem Weilchen von selbst damit auf, die hohen Herrschaften, trocken in den Kehlen, wünschten heiser „Gesundheit", „langes Leben", riefen „Prosit". „Nasdrowje" erwiderte die unübersehbar gewordene Menschenmenge, ein russischer Kinderchor intonierte „Land der dunklen Wälder". Die laue ostpreußische Sommernacht verwischte Unterschiede, sämtlich, Gumbinner, Gussewer, junge und alte Menschen flanierten auf dem Damm, lagerten an der Pissa, aßen Bratklopse, Soljanka, eingemachte Pilze, harte Eier, Tomaten, Zwiebeln. Vergessen war in diesen glücklichen Stunden, morgen Brüderchen, ist auch noch ein Tag, der Elch. Erst einmal gründlich feiern. Alles Druschba, Freundschaft.

Sagen wir so. Am nächsten Tag war das Objekt immer noch umhüllt. Alte Mütterchen, kopftuchgeschmückt, traten morgens, nach jahrzehntelanger Gewohnheit, zum Subotnik an, kehrten mit Schaufeln, Besen den Schmutz, Abfall, unzählige Gläser und Flaschen zusammen. Zogen schließlich den Kodder vom Denkmal, runter damit. Zum Vorschein kam, man wird es sich denken, der originale Gumbinner Elch, glänzte wie neu in der aufgehenden Morgensonne, Erbarmung!

Traum oder Wirklichkeit? An diese Ausgangsfrage wird höflich erinnert. Die einen waren dabei und möchten es anders erlebt haben, die anderen glauben es nicht, weil sie nicht dabei waren. Versöhnliche Auskunft kann der Gumbinner Elch geben, an Ort und Stelle. Gern gesehene Besucher wird er auf entsprechenden Fragen freundlich anplinkern, wenn es nicht gerade in Gussew pladdert.

Als wär's ein Stück
von Michail Sostschenko

„Sie kennen den vielgelesenen Schriftsteller, Stückeschreiber, Satiriker Michail Sostschenko aus der ehemaligen Sowjetunion nicht? Schade, er könnte uns beschreiben, warum in Nordostpreußen an vielen Stellen aus fruchtbarem Ackerland saure Wiesen geworden sind, wie gut erhaltene Dörfer und Gehöfte nach 1945 dem Erdboden gleichgemacht wurden." Der Lehrer im Reisebus beugte sich zu seinem Sitznachbarn herüber und redete auf ihn ein. Dieser, ein Bäcker aus Emden, suchte durch die Fensterscheiben, seit der Bus hinter Trakehnen von der Reichsstraße 1 nach Norden abgebogen war, zwischen Büschen und versteppten Wiesen vergebens nach einem lohnenden Fotomotiv, nickte jedoch höflich, etwas gedankenverloren:

„Wieso, hat der Autor, wie Sie sagen, hier nach dem Krieg gelebt?"

„Das nicht gerade. Er wurde 1895 geboren und starb 1958 in Leningrad, vom Schriftstellerverband ausgeschlossen und kaltgestellt. In dem Jahr wurde Chruschtschow Ministerpräsident, der Mann, der seit 1950 die Umwandlung der landwirtschaftlichen Kollektivwirtschaften in Groß-Kolchosen, Sowjosen, durchgesetzt hatte."

„Was haben beide miteinander gemein?"

„Tatsächlich spiegelte auch Sostschenko in seinen ersten Publikationen die Auffassung, daß der Fortschritt an den rückständigen Menschen scheitern könne, der Revolution müsse die Umerziehung folgen. Die Helden in seinen Geschichten hat er als lernbegierig, aber scheinbar ungebildet dargestellt. Später erkannte er, daß nicht das System den Menschen voraus sei, sondern daß umgekehrt Mittel, Methoden, Programme dumm waren und die kleinen Leute sie ad absurdum führen mußten, um zu überleben."

„Woher wissen Sie das alles? Was hat das mit uns zu tun?"

„Unsere Reiseleiterin Tanja hat in St. Petersburg Ger-

manistik und Michail Sostschenko studiert. Sie hat probiert, in seinem Stil niederzuschreiben, wie, der von ihr hochgeschätzte Autor die Entwicklung in Nordostpreußen verarbeitet hätte, so ungefähr in den sechziger Jahren. Was erzähle ich, lesen Sie den Text am besten selbst. Draußen gibt es ohnedies im Augenblick wenig zu sehen."
Der Bäcker aus Emden bedankte sich, setzte seine Brille auf und las mit wachsendem Vergnügen:

Unser Vorsitzender ist ein Teufelskerl, alle Jahre im Herbst läßt er seine schwarzverhangene Limousine, das Herz hüpft uns wegen des hohen Besuchs aus Moskau vor Freude, kreuz und quer das halbwegs dicht gewachsene Getreidefeld zerfahren, walzt die letzten Halme für unser Brot nieder, läßt auf einen Erdhügel zusteuern. Springt heraus aus seinem Staatswägelchen, der gute Mensch, spendiert den herumstehenden Kolchosarbeitern Zigaretten mit Mundstück, hält sich nicht damit auf, sie um Rat zu fragen, erteilt Befehl: „Vorwärts, Genossen, rührt die Händchen, holt in diesem Jahr den westlichen Kapitalismus ein, besiegt den USA-Imperialismus, egal wie und womit."

Der Brigadier ist auf die stolzen Worte gefaßt, die Zeremonie wiederholt sich alle Jahre, kratzt sich am Ohr, murmelt: „Wir haben von den Zielen des Genossen Chruschtschow sogar im Kaliningradskaja Oblast erfahren, Mütterchen Rußland möge ihn beschützen, nur hat, wie man hört, die Überholung der monopolkapitalistischen Produktion bisher nicht funktioniert, weil westliche Agenten mit Hilfe von Wodka bei uns die Arbeitsfreude untergraben haben sollen. Wie wär's mit einem Begrüßungswässerchen, Genosse Vorsitzender?" Klassenbewußt fügte er hinzu: „Später wird man über eine neue Verpflichtung für den sozialistischen Fortschritt sprechen. Karascho."

Der Funktionär in der dicken Lederjacke hob abwehrend die Hände. „Halt, Genossen! Keine blinde Selbstverpflichtung mehr, davon haben wir genug. Die Statistik beweist: das einzige Übersoll wurde in Selbstverpflichtungen erreicht. Die nächste zu Ehren der Oktoberrevolution soll sich besonders auszeichnen, ich möchte sagen, ausnahmsweise durch ihre sofortige und wirkliche Erfüllung."

Unter den angetretenen, fähnchenschwenkenden Landarbeitern entstand leichte Unruhe, mit ihren Gummistiefeln traten sie verlegen Wasserlachen auf dem schweren Ackerboden breit.

„Entschuldige, Genosse Vorsitzender, wir haben als einzige Brigade unser Plansoll regelmäßig erfüllt, allerdings wäre es für alle besser, wir hätten es nicht getan." So mutig konnte nur der Älteste mit den weißen Bartspitzen sprechen, rasch bekreuzigte er sich, bevor er fortfuhr:

„Als wir nach Kriegsende in dieses menschenentleerte Land geschickt wurden, sagten uns Parteifunktionäre, daß die blühende Landwirtschaft nur zum Schein vorher in Ostpreußen betrieben wurde, um uns über die wahre Rückständigkeit zu täuschen."

„Ich erinnere mich dunkel", rief der Vorsitzende, spuckte Sonnenblumenkerne im hohen Bogen aus, „darum haben wir die 19te oder 23zigste Selbstverpflichtung von euch verlangt. Sagt selbst, waren die vom Krieg verschonten Äcker, Gehöfte, warum nicht wohlhabenden Dörfer, nicht unserer großartigen Idee von Kolchosen und Sowjosen im Wege? Ein einziges Feld zwischen dem früheren Stallupönen, Pillkallen, Ragnit und der Memel hätte man in Rekordzeit vom Flugzeug aus besäen können, zum Ruhme des großen Jossif Dschugaschwili Stalin."

Ein gewisser Stroganow räusperte sich, spuckte aus: „Vergiß nicht, Genosse Vorsitzender, wir haben soeben die erste Entstalinisierungskampagne hinter uns!"

„Gut, daß du mich daran erinnerst. Dann eben zum Ruhme der Partei, sie hat immer recht."

„Klar, das ist wissenschaftlich bewiesen, Genosse Vorsitzender, wenn nicht der 44zigste Plan dazwischengekommen wäre."

„Wovon redest du, Alterchen? Unsereiner muß täglich neue Pläne in die Welt setzen, wer kann sich da um die alten kümmern?"

„Bauern in Ostpreußen, hieß es, hätten auf dem flachen Lande unter der Erde Röhren gelegt, das Wasser zu sammeln, in Gräben und Kanälen abzuleiten. Die sogenannten Drainagen sollten das Grundwasser regulieren, aber die Parteizentrale in Moskau hatte den Trick durchschaut, entlarvte ihn rechtzeitig als Sabotage an unserer Kollektivlandwirtschaft."

„Gut gesprochen hast du. Darum kam der Befehl, die unterirdischen Röhrensysteme gründlich zu zerstören."

„Wurde zu 130 Prozent ausgeführt, Genosse Vorsitzender. Wir fuhren mit schwerem Ackergerät, Walzen, Traktoren, die Rote Fahne des Sieges gehißt, hin und her, bis die letzte Wasserregulierung kaputt war. Sollen wir jetzt die Internationale singen, um dich zu erheitern?"

„Bravo. Was ihr nicht sagt. Hoch lebe die Oktoberrevolution! Wo ist übrigens die Flasche mit meinem Wässerchen geblieben?" Er nahm einen großen Schluck, wischte sich mit dem Handrücken den Mund ab, schien zu überhören, was der alte Mann hinzufügte:

„Leider stieg das Grundwasser, Wiesen und Äcker versumpften. Lange im Frühjahr, im Herbst und nach jedem Regen stand das Wasser, ohne abzulaufen. Die Gegend wurde so feucht, sumpfig, daß wir im Sommer mehr Mücken als Getreide hatten."

Der Vorsitzende steckte sich eine neue Zigarette an, winkte ab.

„Lappalien. Euch fehlt es an sozialistischem Bewußtsein. Was will es besagen, daß kein Roggen, Weizen oder Futtergetreide mehr wuchs? Ihr hattet dem Klassenfeind vorbildlich eine Lektion erteilt. Der Boden war immer noch fruchtbar, warum nicht auf Viehwirtschaft umstellen? Unser Geheimdienst hat Zeitungen entnommen, daß es früher in Ostpreußen Herdbuchvieh in großen Mengen gegeben haben soll."

„Ja", gaben die Männer demütig zu bedenken, „aber keine Wasserbüffel. Gras versauert in jedem System, wenn es naß bleibt. Unsere Kühe ernähren sich mühsam von trockenbleibenden Grasbüscheln, sie geben kaum ein Dutzend Liter Milch am Tag. Die klein gewordenen Herden müssen wir jeden Tag über viele Werst treiben."

Der Vorsitzende lachte schallend, zeigte seine vergoldeten Backenzähne, klatschte mit den Händen gegen seine kostbaren Lederstiefel.

„Alles Propaganda, Agitation, sage ich euch. Wozu mehr Milch, Genossen, wenn es genug Wässerchen in unserer großen Sowjetunion gibt? Durch Milch können Krankheiten verbreitet werden, sagen wir mal Tuberkulose. Dann benötigt man mehr Ärzte, Krankenhäuser, Medikamente. Die reinste Verschwendung von Volkseigentum."

Der hohe Gast stieg auf einen Stein, öffnete die Brust, indem er seine Lederjoppe zurückschlug, ließ mehrere Reihen Orden blitzen, strahlte siegesgewiß, die Faust nach oben gereckt.

„Genug davon, Genossen. Jetzt zeigt mir eure Wohnungen, damit ich in Moskau von euerem Komfort berichten kann."

Die Kolchosarbeiter standen im Kreis herum, drucksten, drehten in den Händen verlegen ihre abgewetzten Mützen, bis einer sich aufraffte:

„Gut, daß Sie darauf zu sprechen kommen, Genosse Vorsitzender, jeder von uns könnte bequem in einem sauberen Haus wohnen. Leider wurde uns mit dem 81zigsten Plan befohlen, vom Krieg verschonte Häuser und Gehöfte auf dem Land abzureißen, große Löcher auszubaggern und die Trümmer darin zu versenken. Bei unserer klassenkämpferischen Ehre, es gibt seitdem eingeebnete Stellen, auf denen Sie nicht im Traum auf die Idee kämen, daß darauf früher blühende Dörfer gestanden haben könnten. Wir haben die Befehle so gründlich ausgeführt, daß wir selbst nichts mehr zum Wohnen hatten, seitdem hausen wir in ziemlich verfallenen Scheunen und Schafställen mit Zugluft. Wie finden Sie das, Genosse?"

„Gratuliere zur vorbildlichen Planerfüllung." Der Vorsitzende stieg vom Stein, schritt von einem Kolchosarbeiter zum anderen und drückte jedem die Hand. Auf seinen

Wink schleppte sein Fahrer aus der Limousine Geschenke herbei, einige Bündel alter Ausgaben der PRAWDA und eine Kiste mit Wodkaflaschen und Kaviardosen.

„Wir teilen sozialistisch-brüderlich", rief er, „euch die Prawda, mir die Kiste."

„Halbe-halbe wäre mir lieber", maulte Stroganow aus dem hinteren Glied.

Der Vorsitzende war in seiner Güte nicht zu übertreffen, klopfte den Leuten auf die Schulter:

„Vermutlich werde ich euch für einen Orden vorschlagen. Was euere Wohnverhältnisse angeht, verspreche ich euch, daß ihr noch vor der Jahrtausendwende so angenehm wohnen werdet wie unsere Menschen in Moskau."

„Wir möchten nicht neugierig erscheinen, Genosse Vorsitzender, aber kannst du uns ein wenig erzählen, wie die Leute in Moskau wohnen?"

„Karascho, im Arbeiterparadies wird jeder Genosse ein Zimmerchen für sich haben, eine Küche extra und ein Badezimmer. Man wird getrennt schlafen, kochen, baden und Gäste empfangen. Die ersten Pläne sind schon fertig." Nach diesen Worten trat der jüngste Arbeiter vor, faßte sich ein Herz, bat ums Wort und lobte die Weisheit der Partei.

„Hört zu, Brüderchen, Genossen, vor kurzem habe ich meine Cousine in Moskau besucht. Ich kann die Worte unseres Vorsitzenden bestätigen. Die augenblickliche Wohnungsnot ist nur eine Frage der Perspektive. Seht mich an: habe ich durch den Aufenthalt irgendeinen Schaden genommen?"

„Du hast ja auch bei deiner Verwandten gewohnt", warf der Melker aus Kasachstan dazwischen.

„Leider nein. Man hatte ihr Haus nach Plan abgerissen und ein Lenindenkmal auf den Platz gestellt. Wochenlang irrte ich unrasiert durch Moskau, bis ich auf meiner Suche nach einer Unterkunft Glück hatte.

„Für hundert Rubelchen", sagte der Hausverwalter eines Wohnblocks, „könnte ich Sie unterbringen. Das Badezimmer ist noch frei."

„Im Badezimmer, was soll ich da?"

„Sie können tun und lassen, was Sie wollen. Von mir aus auch baden, schwimmen."

„Bin ich ein Fisch?"

Wegen der ungemütlichen Kacheln besorgte ich mir gegen Tomaten und Schrauben Bretter, Tücher, die Wände und den Fußboden auszuschlagen. In einem Bretterkäfig über der Wanne konnte ich mit einiger Gelenkigkeit fest schlafen, die Beine angezogen. Leider sprach sich mein Wohlstand im Viertel herum. Ein Mädchen fragte, ob ich sie nicht heiraten möchte, da ich nun über eine Wohnung verfüge. Meine Argumente ließ sie nicht gelten, man könnte quer eine Bretterwand einziehen und hätte im Nu zwei Zimmer, eine Scheidewand wäre auch besser für die Kinderchen." Er seufzte. „Die Umbauarbeiten verzögerten sich etwas, weil die Nachbarn darauf bestanden, abends ein Bad zu nehmen. Wir hielten uns dann auf dem Treppenflur oder im Stadtpark auf."

„Trotzdem bist du zurückgekommen?"

„Als meine Braut mir eröffnete, daß ihre Mutter mit Großfamilie und einer Ziege in Moskau eingetroffen sei, um bei uns zu wohnen, ergriff ich die Flucht. Was ich damit sagen will, Genossen, ist dies: laßt uns zufrieden mit unseren Unterkünften sein. Größerer Wohnraum lockt nach der Lebenserfahrung nur mehr Leute an. Es reicht, wenn unser Genosse Vorsitzender in Moskau warme Zimmerchen hat."

Unser Vorsitzender, der Teufelkerl, saß inzwischen längst in seiner Limousine, befahl dem Fahrer, Gas zu geben, rief den Kolchosarbeitern, die bis zu den Knöcheln im Morast eingesunken waren, durch die heruntergedrehte Fensterscheibe zu: „Haltet euch an das Beispiel von den Leuten im Rettungsboot auf stürmischer See, meine Brüderchen. Nachdem sie die Orientierung verloren hatten, ruderten sie mit vermehrter Anstrengung im Kreis. Hauptsache vorwärts, Genossen, egal wohin!"

Ein bißchen Glück
braucht der Mensch

Wochenlang kein einziger Tropfen Regen vom Himmel, kann jemand sagen, wie sengend heiß es im Juli auf einer ostpreußischen Landstraße sein kann? Die Sonne sticht senkrecht vom Himmel, die Luft flimmert über dem Boden, Vögel fliehen in den schattigen Schutz von Bäumen und Büschen. Hofhunde an der Kette, tagsüber kläffend, nachts gefürchtet wegen des meilenweit zu hörenden Wolfsgeheuls, dösen in ihren Hütten, Kühe sind zu träge, nach Fliegen zu schlagen oder nur den Kopf zu bewegen.

Nach der Chaussee mit den aufgeweichten Teerflecken, hinter einer Biegung beginnt der löchrige Sandweg, endlos lang bis zum Horizont. Ab und zu führt eine Fahrspur zu abgelegenen Gehöften, aufgeplatzt von der Bruthitze mit tiefen Rissen und breiten Spalten. Einsamkeit soweit das Auge reicht, friedliche Stille, höchstens unterbrochen vom Gesumme nervöser, stechwütiger Wespen und Bremsen.

Früh hatte sich der Sommertag für die beiden Pferdeknechte gut angelassen. Ihre Pferde hatten sie vor Sonnenaufgang zum Pferdemarkt in der Kreisstadt geführt, bei den Verkaufsverhandlungen unschuldige Gesichter aufgesetzt, als ob sie edle Trakehner anzubieten hätten. In Wirklichkeit war der Braune ein zurückgebliebener Kunter, das ist: ein kleines Pferd, atmete schwer vor lauter Dämpfigkeit, hatte vor nicht langer Zeit Rotz und Koliken glücklich überlebt. Auf dem Markt, allerdings, wieherte er unternehmungslustig, weil ihm der Knecht Schnaps unter den Hafer und etwas Pfeffer unter den Schwanz gestreut hatte.

Der Schwarze war propper, nichts war an ihm auszusetzen, das Exterieur, der Körperbau, einwandfrei, sieht man davon ab, daß er sich weder reiten, noch vor Wagen oder Ackergeräte spannen ließ. Hatte lediglich dem Dorfschmied beim Hufbeschlagen einige Rippchen gebrochen und dem Bauern eine Kniescheibe zertrümmert, galt aber sonst als lammfromm im Gemüt. Zum Glück waren die Knechte ihre Pferde zum guten Preis an Kopscheller losgeworden, worunter Pferdehändler zu verstehen sind, die etwas von Verschönerung und Verjüngung verstehen. Hatte vielleicht nicht die Macken entdeckt, so ein Gniewke, heimtückische Mensch, oder bei sich gedacht, wenn ich meine Kunter striegele, ihnen die Zähne mit Schlemmkreide weiße, die Platthufe mit Koddern umwickle, wird sich ein Aufkäufer für die Kavallerie finden. Etwas Dusel, Glück, braucht der Mensch bei allem im Leben. Man wird ja, spätestens vor Sonnenuntergang, sehen.

Hercules, der größere Pferdeknecht, breitschultrig, drückte mit ausholenden Schritten heimwärts, während der gnusplige Johann-Wolfgang, den Vornamen hatten ihm seine Eltern auf Anraten des Dorfschulmeisters gegeben, nach dem siebenten Kind war ihnen der Namensvorrat ausgegangen, kurzbeinig neben ihm hertrippelte. Mit einem handtuchgroßen Taschentuch wischte er sich den Schweiß von der Stirn, Hercules hatte seines an vier Ecken geknotet und auf den Kopf gelegt. Beide stöhnten, atmeten schwer, eine Erfrischung hätten sie gebrauchen können, ein Schlubberchen Korn oder ein Bad für die wundgelaufenen Füße, wenigstens.

Neben der glühenden Hitze machte ihnen Langeweile, niemand wird es überraschen, zu schaffen. Sie mochten nicht plachandern, schabbern, schweigend litten sie unter der Monotonie, torkelten Stunde um Stunde vor sich hin, zunehmend schwiemeliger und dammliger im Deetz.

Unverhofft blieb Hercules, mit vollem Namen Hercules Oberüber, der größere Pferdeknecht, wie man sich freundlich erinnern wird, wie angewurzelt stehen, deutete mit dem rechten Zeigefinger, wohin wohl, vorwärts:

„Ich habe, Jungchen, eine Idee."

Verschichert, verängstigt, schrak sein Gefährte Johann-Wolfgang zusammen. Regelmäßig sprang Unangenehmes für ihn in solchen Fällen heraus, Ideen mochte er die aberwitzigen Sperenzien des anderen Knechtes auch nicht gerade nennen.

„Woran denkst du, Donnerschlag, sprich?"

„Ich sehe hinter der Wegbiegung, neben dem Hubbel, kleinen Hügel, ein einsames Gehöft. Bestimmt gibt es dort einen Teich zum Baden, von mir aus eine Pferdeschwemme. Man wird eine Pause einlegen, sich abkühlen, naß abreiben und anschließend erfrischt nach Hause gehen."

Johann-Wolfgang, schlapp, dösig, widersprach nicht, ein Badeteich in dieser unendlichen Weite wäre ihm wie ein Wunder vorgekommen. Aber, an dieser Stelle wiederholen wir uns, ein bißchen Dusel braucht der Mensch. Wahrhaftig leuchtete in der Ferne etwas Schimmerndes, sah aus wie ein Tümpel für Poggen, womöglich eine Wasseroberfläche. Eine Fata Morgana, was sonst? Mit letzter Puste angekommen, rief der kleine Knecht enttäuscht:

„Nei, nei, das is man ja bloß ein Jauchegraben, Erbarmung."

Der Abfluß, über drei Meter breit, führte vom Kuhstall in eine überlaufende Jauchegrube. Gestank stieg zum Himmel, Fliegenschwärme umhüllten die Knechte. Hercules Oberüber erkuberte sich rasch:

„Man muß aus allem im Leben, so denke ich, das Beste machen. Haben wir kein kühlendes Bad gefunden, so doch wenigstens eine kleine Abwechslung. Wir wollen uns die Langeweile vertreiben."

„Kannst du mir das, Hercules Oberüber, näher erklären?"

„Ich kann, ohne weiteres, auch das. Wir werden uns einen Schabernack erlauben, wenn es gefällig ist. Ich gebe dir zehn Mark, wenn du dich traust, über den Jauchegraben zu springen, sofort."

Johann-Wolfgang ekelte sich, begann andererseits zu grübeln, zehn Mark waren nicht zu verachten. Brach einen Ast vom Weidenbaum, stocherte in dem Graben, seine Tiefe auszuloten, ertrinken konnte man nicht.

„Hast du zehn Mark gesagt, für den Versuch?"

„Sie werden, du sprichst richtig, spendiert."

Abgemacht, per Handschlag. Der Kleine zog seine schweren Arbeitsstiefel aus, entledigte sich seiner Oberbekleidung, wickelte sie zu einem Pungel zusammen, den er schwungvoll über den Jauchegraben schleuderte. Ging dann rückwärts, der Spoch, was ein schwächlicher Mensch ist, nahm Anlauf, sprang – plauksch – landete er vor der Grabenkante auf der anderen Seite spritzend in der Jauche, das Gesicht mit brauner Brühe bekleckert.

„Gewonnen", blubberte er fröhlich, „die zehn Mark für den Versuch gehören mir."

Hercules Oberüber gab sich geschlagen, indes sich Johann-Wolfgang seiner restlichen Klamotten entledigte, die stinkenden Koddern in einem Faß mit Regenwasser wusch und zum Trocknen auf der Wiese ausbreitete. Der unverhoffte Geldgewinn schien ihn über alle Maßen zu beglücken, tanzte auf einem Bein, pfiff vergnügt, das Jungchen, vergessen waren Unbilden und Gestank.

Überall in der Welt weckt Geldbesitz, was er immer tut, Neid. Warum sollte es bei Hercules Oberüber anders gewesen sein? Ihn schmerzte der Verlust, während sein Partner sich offensichtlich seines Lebens freute. Langsam dämmerte ihm, hoffentlich haben wir richtig gezählt, eine zweite Idee.

„Was bietest du mir, Freundchen, wenn ich über den Graben springe?" Johann-Wolfgang zögerte nicht, Gerechtigkeit muß sein.

„Zehn Mark ist dein Versuch wert, Hercules Oberüber, ebenfalls."

Den kräftigen Knecht lockte der leichte Gewinn. Er brauchte nur weit genug Anlauf zu nehmen, längere Beine waren seit Geburt vorhanden, sowie den richtigen Absprung erwischen.

Los geht's. Dreimal tief durchgeatmet, schwupp, befand sich der Knecht wahrhaftig trocken am anderen Grabenrand, klammerte sich an einem Grasbüschel fest. Ei der Deikert, das Grasbüschel gab nach, riß aus, Oberüber rutschte zurück in den Jauchegraben, sank ein bis zur Brust. Geduld, bitteschön, vor Schadenfreude wird gewarnt, das Mißgeschick vermochte sein Glücksgefühl nicht zu dämpfen:

„Nicht weiter schlimm", rief er seinem Partner zu, „die zehn Mark habe ich gewonnen. Mit der Auszahlung bitte ich ein wenig zu warten, zuvor muß ich meine Jacke herausfischen, in ihrem Fuppchen befindet sich das Schweinevesper, es wäre um meine Butterstulle, keine Frage, schade."

Er krabbelte aus dem Jauchegraben, angelte seine triefende Kledasche heraus, die er als Optimist vor dem Sprung gar nicht erst abgelegt hatte, wusch und legte sie zum Trocknen aus. Später, nach einem Nickerchen unter dem schattenspendenden Ahornbaum, machten sie sich auf den Heimweg, leicht übelriechend, wie man sich denken wird, mit sich und der Welt zufrieden. Vor Sonnenuntergang erblickten sie endlich ihre Gehöfte aus der Ferne, leichter Rauch kräuselte aus den Schornsteinen, signalisierte Pellkartoffeln mit Schmandheringen oder Bratklopsen.

Der Knecht Hercules Oberüber blieb stehen, verharrte, legte seinen Arm freundschaftlich um den kleineren, sprachheistrigen Johann-Wolfgang, sprach:

„Alles in allem war es ein guter Tag für uns heute. Bei allen Unternehmungen haben wir Dusel, Glück, gehabt, wie es sich gehört. Zum Lohn hinzu hat jeder von uns zehn Mark extra gewonnen. Geld stinkt nicht. Non olet, hat uns das Lehrerchen in der Schule beigebracht."

Er warf einen schrägen Blick zum Himmel, seufzte nachdenklich:

„Wissen möchte ich bloß, wozu wir beide ausgerechnet in einen stinkenden Jauchegraben gesprungen sind?"

Erntehelferinnen erzählen einen Witz

Waschechte Ostpreußen können schweigen wie ein Grab, Otto Kalischke bildet keine Ausnahme. Der junge Bauer huckt zum zweiten Frühstück an seinem Lieblingsplatz unter dem Apfelbaum im Garten, schneidet sich gelassen Striemen vom geräucherten Speck ab, kaut darauf bedächtig. Während der folgenden Begebenheit wird er kein einziges Wort sagen, für eine Geschichte erstaunlich genug, spielt er doch die Hauptperson, um die sich alles dreht. Man darf, ohne weiteres, gespannt sein.

Am Tisch, mit einem Feldblumenstrauß geschmückt, sitzend, äugt Otto Kalischke mit einem Auge verstohlen nach links, zur etwas pummeligen Erntehelferin Gerda hinüber, mit dem anderen schielt er nach rechts, wo die Erntehelferin Hilde mit schlanken Fingern Schleifchen in ihre dicken, geflochtenen Zöpfe bindet. Der muskulöse Bauer, breitschultrig, öffnet den Mund, möchte etwas sagen, klappt ihn wieder zu, schweigt weiter und seufzt zufrieden, das Jungchen. Die Zeit geht, was sie immer tut, dahin.

Die Gedanken der Marjellchen flattern wie Schmetterlinge, setzen sich an ihrem gemeinsamen Schulbesuch fest, fliegen von Schwur zu Schwur, als unzertrennliche Freundinnen niemals Geheimnisse voreinander zu haben, spielen nicht einmal mit dem Gedanken, sich wegen eines Mannes zu streiten. Sie schweigen zu dritt, über der Stille liegt angenehme Heiterkeit. Gerda schiebt dem jungen Bauern ein Glas mit Marmelade zu, Hilde bestreicht ihm eine Stulle mit goldgelber Butter und frischem Honig.

„Soll ich einen Witz erzählen? Gerda kennt ihn bereits, Ottochen wird er amüsieren."

„Seit wann sagst du Ottochen?" erkundigt sich Hilde, ihre Lippen zittern leicht erregt.

„Herr Kalischke hat es mir ausdrücklich erlaubt."

„Gut. Ottochen hat mir davon erzählt. Also der Witz. Zwei hübsche Zwillingsschwestern wandern von Willfuppchen nach Kalbeeken in Richtung Rominter Heide, weitab von jeder Straße und bewohnten Siedlung. Abends werden sie vom Einbruch der Dunkelheit überrascht, hohe Gewitterwolken türmen sich zu den ostpreußischen Bergen am Himmel auf, die ersten dicken Regentropfen fallen, dann pladdert es zum Gotterbarmen. Bis auf die Haut durchnäßt suchen sie Schutz in einer einsamen Fischerhütte an einem See . . ."

„Entschuldige, du erzählst ganz falsch, Hilde. Einsam war es überhaupt nicht. Von weitem bellte sie ein großer Hund an, Kettenhunde sind auf dem Land besonders scharf, dann mußten sie sich durch eine Gänseschar kämpfen; vor nichts haben Marjellchen aus der Stadt mehr Angst als vor einem fuchtigen Ganterchen."

„Erbarmung. Du bist meine einzige, allerbeste Freundin, Gerda, alles würde ich mit dir teilen und mich eher in Stücke reißen lassen, als dir etwas wegzunehmen, aber Witze kannst du nun einmal beim besten Willen nicht erzählen. Auf das Geflügel kommt es überhaupt nicht an, entscheidend ist, daß der Fischer Junggeselle war und unter diesem Zustand litt."

„Woher willst du das wissen? Wenn Hilde einen Witz erzählt, hört der Spaß leider auf. Gleich wird sie uns weismachen, daß der Fischer jeder Marjell eine eigene Kammer zum Schlafen anbot."

„Hör' auf!"

„Hat er doch!"

„Du bringst alles durcheinander. Auf diese Weise kann überhaupt nichts, ich drücke es so aus, passieren."

„Wovon sprichst du?"

„Von dem fürchterlichen Landgewitter, das den Schwestern Angst machte. Kaum hatten sie ihre Kleider abgelegt und zum Trocknen über den Herd gehängt, ging das elektrische Licht aus, Kurzschluß, danach blieb es duster, unheimlich bei einer flackernden Petroleumfunzel."

„So alleine in einer Kammer bei Nacht, in einem fremden Bett, bekomme ich auch Angst. Ich brauche jemand, der mich beschützt, zum Kuscheln."

„Du bist zu weich erzogen worden. Statt dich abzuhär-

ten, haben dich deine Eltern in Königsberg zum Klavier-
unterricht geschickt. Hat dir das heute nacht geholfen?"

„Möchtest du einen Klacks Mostrich, Ottochen?"

„Unterbrich mich nicht fortwährend. Die Schwestern,
jede in ihrer Kammer, überlegten, ob sie zusammenkrie-
chen sollten. Wie aber zueinander in der fremden Fischerhütte finden?"

„Da kann ich nur lachen. Ein bestimmtes Bett von den
dreien muß nämlich leer bleiben, sonst ergibt sich keine
Pointe."

„Was du gleich denkst. Bist du noch nie nachts aufgestanden, etwas zu trinken oder Tabletten gegen Kopfschmerzen einzunehmen?"

„Ich hatte heute nacht keine Kopfschmerzen, der Fen-
sterladen hat im Sturm geklappert, ich wollte ihn festma-
chen."

„Was du nicht sagst. Ich habe mir Sorgen um dich gemacht, bin aufgestanden und habe dich in deiner Kammer
aufgesucht. Es war aber niemand in deiner Kammer, dein
Bett war leer!"

„Läßt du mich jetzt den Witz zu Ende erzählen oder
nicht?"

„Bitte schön. Manchmal bist du sehr umständlich. Wenn
ich denke, wie du dich beim Melken anstellst. Die Kühe
werden nervös, wenn du so hastig am Euter zergst. Morgen üben wir bei der alten Else, sie ist geduldig."

„Also, die eine Zwillingsschwester war wahrhaftig aufgestanden und irrte über den dunklen Flur in der Fischerhütte, die Holzdielen knarrten, blindlings stolperte sie
durch eine unverschlossene Kammertür, geriet an ein Bett,
in dem jemand tief atmete, sie stupste den warmen Körper
und sagte . . .

„Du kannst es ruhig köpfen, so haben wir es in Königsberg in feinen Kreisen gelernt. Nimmst du Salz?" Gerda
klopft ihr weiches Ei, Hilde reicht ihr das Messer, fährt
fort:

„Im übrigen muß der Witz andersherum erzählt werden."

44

„Gütiger Himmel."

„Paßt mal auf. In Wahrheit konnte die andere Schwester nicht einschlafen. Sie stand auf und tastete sich über den dunklen Fur in die Kammer der einen. Nachdem sie sich davon überzeugt hatte, daß sie fest schlief, machte sie sich auf den Rückweg, verlief sich, geriet in eine Kammer, aus der tiefes Atmen zu hören war. Sie rüttelte den warmen Körper wach und sagte, na was wohl . . .?"

„Schluß jetzt, woher soll Ottochen das wissen?"

„Wieso Ottochen, ich spreche vom Fischer im Witz!"

„Versteht sich, nur, einmal angenommen, was hättest du den Fischer gefragt? Ich habe Sodbrennen und kann das Faß mit den Salzgurken nicht finden, wie?"

„Hat eine Zwillingsschwester nach Salzgurken gefragt?"

„Keine Ahnung. Fest steht nur, daß du heute Nacht nicht wegen der klappernden Fensterläden aufgestanden sein kannst. Im ganzen Haus gibt es nämlich keinen einzigen."

„Du hast mir nachspioniert, meine beste Freundin? War deswegen dein Bett leer, als ich nachsehen wollte, ob du ohne mich Angst hast?"

Gerda läuft puterrot an, muß dreimal heftig schlucken. Hilde schmunzelt still in sich hinein, belegt eine Stulle mit Schinken zur Stärkung. Otto Kalischke blickt gleichmütig geradeaus in die Ferne, seine starken Lippen umspielt zufriedenes Lächeln. Er greift nach einem glänzenden Apfel auf dem Frühstückstisch, kullert ihn zwischen beiden Händen, mal nach links, mal nach rechts, wo die beiden Erntehelferinnen sitzen. Schweigen breitet sich wieder aus, knisternd, die drei vermeiden sich anzusehen, um harmlosen Gesichtsausdruck bemüht. Wespen umschwirren das Honigglas, in den Baumästen warten Spatzen auf Krümel. Ringsherum herrscht paradiesische Stille, in die Hildes Worte tropfen:

„Komisch, irgendwie fühle ich mich an unseren Schulunterricht erinnert, an die griechische Sage: Paris, Sohn des Priamos und der Hekuba, entschied den Steit der Göttinnen Hera, Athene und Aphrodite um den Apfel zugunsten von Aphrodite."

Hilde springt auf, erregt, stößt den Gartenstuhl um, fegt ihr Geschirr klirrend vom Tisch, schreit fuchtig:

„Ich sehe keine Aphrodite, dritte Person. Niemals hätte ich gedacht, daß mich meine beste Freundin derart hintergeht. Wo warst du, sprich, als ich dich nicht in deinem Bett vorgefunden habe?"

Die beiden Erntehelferinnen aus Königsberg stehen sich unter dem Apfelbaum gegenüber, giften sich an, drohen einander, mit Tomaten zu bewerfen, peesen schließlich in entgegengesetzter Richtung, wüste Drohungen ausstoßend, davon.

Der junge Bauer Otto Kalischke greift seelenruhig nach einem Brotmesser, schneidet den Apfel bedächtig in der Mitte durch, wickelt jede Hälfte einzeln liebevoll in die Georgine, das ist: die landwirtschaftliche Zeitung, und steckt sie rechts und links in seine Fuppchen, möchte künftig, als waschechter Ostpreuße, Streit vermeiden, das gute Jungchen.

Volkszählung im großen Moosbruch

Wo die Gilge, von der Memel kommend, sich zerpliesert, mit der Arge, Laukne, Tawelle und zahlreichen Rinnsalen ein feuchtes Netz bildet, mehrmals im Jahr überschwemmt, ist es lebenswichtig, seine Kate hoch genug auf Pfählen gestützt zu haben. Im weltabgeschiedenen Winkel zwischen Kurischem Haff und Memelstrom benötigt der Mensch, möchte er einen Besuch abstatten, bei hohem Wasserstand, mehr als Lust auf Abenteuer, zumindest wetterfeste Kleidung und hochprozentigen Korn gegen Rippenfellentzündung, Husten oder Rheumatismus. Urplötzlich hören versumpfte Wege, Bretterstege auf, sind abgeblubbert, durchgefault, am Ende bleibt keine Wahl, als sich mit einem Kahn vorwärts zu staken. Hecht, Karauschchen, Schlei, Pogge, das ist: ein Frosch, müßte man sein, um sich ungestört in den schwarzgetrübten Gräben, Wasserbuchten und Flachseen tummeln zu können.

Der seltene Besucher, der sich im Kahn näherte, trug eine dicke, braune Lederjoppe, an den Füßen hohe Gummistiefel, um den linken Oberarm eine Binde geschlungen, mit einem Reichsadler, amtlich gestempelt, verziert. Der Mann ruderte die Grasinsel an, befestigte den Kahn, stapfte durch den weichen Boden, an mannshohem Schilf und aufgeschichteten Torfhaufen vorbei, auf die niedrige, strohgedeckte Hütte zu. Ein scheckiger Hund bellte den Fremden an, sprang an ihm hoch, im Hintergrund wartete eine Frau, band sich die Schürze ab, strich sich dicke Haarsträhnen aus dem Gesicht. „Ei ja, welche Überraschung, ein Besuch, der erste nach Monaten."

„Ich komme wegen der Volkszählung, Frau Schabbern, wenn Sie nichts dagegen haben?"

„I wo werd' ich. Ein so propperes Herrchen schneit uns nicht alle Tage ins Haus. Ich bitte Sie, möchte ich sagen, gefälligst näherzutreten. Schade bloß, daß nicht alle Töchter zu Hause sind, sämtlich. Zwei sind beim Torfstechen, eine verkauft auf dem Markt Zippel, die übrigen stromern herum, Sie verstehen?"

„Gewiß. Ich komme nur das Formular abholen. Sie haben es ausgefüllt?"

„Ach du grieses Katerchen. Ist von einem gewissen Wisch die Rede? Wir bekommen so selten Papier magrietsch, umsonst, daß wir es gleich benutzen, zum Einwickeln von Gemüse oder auf's Plumpsklosettchen."

„Machen Sie sich deswegen keine Sorgen. Die Behörde läßt sich die Volkszählung etwas kosten. Für solche Fälle ist vorgesorgt, ich habe leere Fragebogen bei mir. Darf ich mich setzen?"

Der stattliche blonde Mann, schätzungsweise Anfang Dreißig, setzte sich auf einen Hackklotz, der vor der Kate unter dem Dach stand, und puhlte sein Schreibgerät heraus.

„Wer ist der Familienvorstand?"

„Mein Mann, wer sonst."

„Wie heißt er?"

„Hieß, Jungchen, er hieß. Vor zwölf Jahren ist der Luntrus zur See gegangen, seitdem ließ er sich nie wieder blicken. Mit den sieben Töchtern ließ er mich einfach sitzen. Am End' lebt er nicht mehr, Erbarmung."

„Wer ist jetzt Familienoberhaupt?"

„Immer noch mein Mann. Kann ich den Marjellchen den Vater nehmen, ihn dreibastig für tot erklären lassen, solange nicht alle unter der Haube sind? Möchte es Ihnen gefallen, eine von ihnen zu heiraten, vaterlos, als Halbwaise, sozusagen?"

„Nicht unbedingt."

„Da wären Sie auch ganz hübsch dammlig. So sehen Sie aber nicht aus."

„Falls es Ihnen nichts ausmacht, gute Frau, werden Sie mir jetzt sagen, wer alles in diesem Haus wohnt?"

„Wir natürlich. Wer sonst? Ach Gottchen ja, nu fällt mir ein, Sie spielen auf den Knecht von Altwusterwitz an. Der Kerl kam irgendwoher aus der Tilsiter Gegend, versprach Kuhketten zu reparieren und Netze zu flicken. In Wirklichkeit hat er nur unserer Jüngsten schöne Augen gemacht, war richtig gieprig auf sie, hat dabei die Älteste vergessen und so die vorgeschriebene Reihenfolge nicht ein-

gehalten. Darum habe ich ihm mit einem Kodder wegge-
jagt. Dem Krät können Sie ruhig vergessen, ist es nicht
wert, auf einem reichsdeutschen Papier amtlich für die
Ewigkeit festgehalten zu werden. Dabei, nehmen Sie's mir
nicht übel, ist unsere Älteste eine hübsche Marjell, wenn
die Sommersprossen nicht weiter stören. Was sage ich, die
Hälfte einer Ehe verbringt man sowieso in der Nacht."

„Also, wer wohnt derzeit bei Ihnen im Haus?"

„Du meine Güte, ich habe vergessen, Sie zu nötigen. Ich
werde mich beeilen und ein paar Kartoffelflinschen vorbe-
reiten, das geht am schnellsten. Sie können sich inzwischen
die Jacke ausziehen und in die Pampuschen für die gute
Stube schlüpfen. Es wird Ihnen, Ehrenwort, an nichts fehlen."

Frau Schabbern peeste in die niedrige Küche, schürte
mit getrocknetem Birkenholz Feuer im Herd, setzte die
Bratpfanne auf. Anschließend rieb sie mit hochgekrempel-
ten Ärmeln rohe Kartoffeln für Flinsen. Zwischendurch
steckte sie ihren Kopf zur Tür heraus:

„Sie werden mir nicht aufbinden wollen, daß Sie wegen
dieser komischen Papiere gekommen sind, ausschließlich?"

„Das Deutsche Reich ist bevölkerungspolitisch auf ge-
naueste Zählung angewiesen."

„Sie spielen auf die Marjellchen an?"

„Ich möchte sehr bitten. Meinetwegen, wenn Sie darauf
bestehen, nehme ich Ihre Töchter zuerst auf. Wie heißt die
Älteste, wann ist sie geboren?"

Dicker Dunst quoll aus der engen Küche, Frau Schabbern setzte sich aufatmend auf eine wacklige Holzbank
draußen vor der Tür.

„Für ihr Alter kann sie nichts. Was zählen im Leben Jahre? Dafür ist sie gebildet. Wir haben sie nach Spirokeln zu
einem Onkel in den Haushalt geschickt, sollte dort lernen,
nach dem Doennigschen Kochbuch zu wirtschaften und
Gnosen zu erziehen. Sie hält jedes Dittchen zusammen
und könnte selbst einen Gnuspel von bettlägerigem Ehemann versorgen, bis er koppheister geht." Der Volkszähler
erbleichte, schrak zusammen.

49

„Die höhere Bildung in besseren Kreisen sagte der werten Tochter nicht zu?"

„Der Onkel, seines Zeichens Klavierstimmer, hatte seine Händchen, wie soll ich sagen, nicht in der Gewalt. Eines Abends im Mai, hielt er im dusteren Hausflur die Älteste umarmt: ‚Es ist so duster, Marjellchen, daß ich meine Hand nicht vor den Augen sehen kann.' Darauf sagte sie: ‚Wo du deine Flossen hältst, kommt auch kein Licht hin.' Seitdem ist sie, Deibel nochmal, von der Musik abgekommen. Besser ist, wenn ihr einer Gedichte macht. Können Sie, Jungchen, dichten?"

„Genug. Ich trage sie ein. Die Zweitälteste gehört zum Haushalt, ebenfalls?" Frau Schabbern lachte hell auf, klatschte in die Hände.

„Ach Gottchen, wir plachandern, dabei brennen mir die Kartoffelflinsen an." Sie lief in die Küche, schürte mit Holz nach, gab Schweineschmalz und Teig in die Pfanne. Die Augen vom Rauch gerötet, trat sie hüstelnd ins Freie: „Martha ist rassig wie eine Trakehner Stute, sozusagen, während der Herbstmanöver sind Ulanen, Kürrasiere, Dragoner von der Kavallerie hinter ihr her. Sie kann kratzen und beißen, aber bei Ihnen, ich schwöre, würde sie eine Ausnahme machen."

„Gütiger Himmel, ich bitte ab jetzt, nur auf meine Fragen zu antworten, ausnahmlos, wie sie im Fragebogen vorgeschrieben sind."

„Sie sollen sich nicht", warf die rührige Mutter ein, „genieren. Ich will vor Ihnen nuscht geheimhalten. Niemand kauft gerne eine Katze im Sack, wie sich von selbst versteht." Der Volkszähler begann zu werden, sagen wir mal, ungeduldig.

„Ich möchte nichts kaufen, gute Frau, sondern nur vor Sonnenuntergang in meinem Quartier sein, bei einem Fischer an der Gilge."

„Erbarmung, wo Sie gerade ‚Gilge' sagen. Von dort lief uns ein spachheistriges Jungchen zu, mit dünnen Armen, nichts auf den Rippen. Unsere Drittälteste hat ihn aufgepäppelt, Liebe geht nun einmal durch den Magen. Sie hat ihm gefüllten Hecht gekocht, Bratklopse, Lungenhaschee, Dampfkarbonade, zum Nachtisch gabs Glumskuchen und Marzipan. Am Ende war das spillrige Kerlchen rund, fett wie ein Pochelchen vor dem Schlachten im Herbst."

„Sie sprechen von der Hochzeit?"

„Von wegen. Als er zum stattlichen Lebendgewicht herangefüttert war, zeigte sich der Dammlack gegen rote Farben allergisch. Die Marjell hatte nun mal rote Haare, feuerrote, um es richtig zu sagen. Im Leben kommt alles, wie es kommen soll. Der Kerl bekam erst Pickel im Gesicht, dann am ganzen Körper, gut, daß er eines Morgens spurlos verschwunden war, mit einem geräucherten Schinken. Sie sehen nicht so aus, als ob Sie allergisch wären, spreche ich richtig?"

„Nicht daß ich wüßte. So kommen wir nicht weiter. Sagen Sie mir endlich Ihren vollständigen Namen."

„Ihre direkte Art gefällt mir, Jungchen. Macht sich immer gut, über die Schwiegermutter Bescheid zu wissen. Mit Vornamen heiße ich Marie, Gerlinde, Ida, Ilse, Margarethe, jeder geht auf eine Patentante zurück, von der man etwas zu erben hoffte. Mein Vater diente bei einem Gumbinner Infanterieregiment, ich möchte sagen als Hausmeister und Kalfaktor bei einem General. Für die Jagdsaison in der Rominter Heide . . ."

„Schön und gut . . ."

„Unser Blut ist von allerbester Sorte. Von den baltischen Völkern haben wir die Liebe zu Wasser und Fischen, von den Salzburgern das zärtliche Gemüt, von den eingewanderten Hugenotten die Freude am Genießen, die pruzzische Urbevölkerung hat uns den Durst vererbt. Durchziehende Schweden, Russen, Litauer und Polen haben uns gelehrt, daß man mit Gastfreundschaft am weitesten kommt; die Reichsdeutschen Herren kamen gerne zur Jagd, unsere Bowkes lernten notgedrungen früh ein bißchen unerlaubt fischen und wildern. Im Laufe der Jahrhunderte ist eine Menge Qualitäten zusammengekommen, die einen, wie man sagt, waschechten Ostpreußen ausmachen."

Der Volkszähler schien Zahnschmerzen zu bekommen, er verzog sein Gesicht, mahlte mit dem Oberkiefer.

„Darf ich endlich zur Sache kommen? Die Sache: das ist die Volkszählung!"

„Richtig, wir wollen keine weiteren Umstände machen. Nachdem Sie mich immerzu gelöchert haben, darf ich auch mal etwas fragen? Inzwischen gehören Sie beinahe zur Familie, so gebaut, wie Sie sind. Natürlich unverheiratet, spreche ich richtig?"

„Nein, gute Frau, verheiratet!"

„Sie treiben mit mir Schabernack! Womöglich Kinder?"

„Drei."

„Drillinge?"

„Nein, nacheinander. Der Reihe nach."

„Da wird Ihre Frau unglücklich sein, vermutlich ist die Ehe in Gefahr."

„Wie kommen Sie darauf?"

„Wo Sie doch immer unterwegs sind als Volkszähler? Ich spreche aus Erfahrung, Sie erinnern sich an meinen Ehemann, den Matrosen? Selbst wenn sie zwölf Kinderchen hätten, mit einem Donnerschlag, alles ist futsch. Sind Sie mir böse, wenn ich aufrichtig zu Ihnen spreche?"

„Überhaupt nicht."

„Manchmal ist Scheidung die beste Lösung. Je früher, desto besser."

„Warum sollte ich?"

„Weil für diesen Fall, dem Himmel sei Dank, unsere jüngste Marjell bereitstünde einzuspringen. Sie ist mehrmals geschieden und kennt sich bei geschiedenen Ehemännern aus, glauben Sie mir."

Der Volkszähler lief krebsartig rot an, ballte fuchtig die Hände, beherrschte sich, biß sich auf die Unterlippe, wollte die amtliche Handlung so oder so zu einem Ende führen:

„Ihr Alter als Haushaltsvorstand, bitte schön."

„Sie spielen auf mein Alter an? Das ist leicht erzählt. Ich erinnere mich noch gut an den Reichspräsidenten Hindenburg und die Zeit, in der Butter im Holzfaß gestampft werden mußte. Der Briefträger sagt, ich sehe zehn Jahre jünger aus, seit mein Mann verschwunden ist. Das Bürgermeisterchen ist wie ein Gockel hinter mir her, aber was heißt das schon, er ist Witwer. Frei heraus, für wie alt halten Sie mich?"

„Ich bin kein Hellseher."

„Sehe ich nicht jünger aus, als ich bin? Viele Leute sprechen so, der Flußfischer, der Korbmacher, sogar . . ."

„Aufhören. Sie sagen mir auf der Stelle, wann Sie geboren wurden."

„Unsere Kirchenbücher sind bei der Großen Pest abhanden gekommen, unser Familienstammbuch wurde bei der letzten Überschwemmung weggespült. Mir wurde gesagt, daß ich in einer Vollmondnacht geboren wurde, im Winter, als es draußen stiemte, bei 30 Grad Frost, es ist die Zeit, zu Hause ein hübsches Familienfest zu feiern. Vielleicht Verlobung. Feiern Sie auch gerne?" Der Volkszähler sprang von seinem Holzklotz, warf die Fragebogen in das Moorwasser, schrie seine Not gen Himmel:

„Was werde ich feiern? Ich bin ein Elender, der sein Brot bitter verdienen muß. Ab sofort lege ich meinen Auftrag nieder und nehme die geringste Tätigkeit an, die meine Frau und die Kinder ernährt. Kein Schmorkohl und keine Königsberger Klopse mit Schmand in der Soße können mich davon abbringen."

Mit diesen Worten stürzte er in den Kahn, ruderte wie von Furien gehetzt wild flußabwärts, verfolgt vom Gebell des strubbeligen Hundes und den erstaunten Rufen von Frau Schabbern:

„Ziemlich nervös, so ein Mensch von Volkszähler. Und erst dieses Jungchen, was hat es, Erbarmung, bloß?"

Casanova auf der Lucht

Wilhelm von Humboldt schrieb, daß dem Menschen ein Bild in der Seele fehle, der nie die Kurische Nehrung gesehen habe. Was muß einem erst fehlen, der nie die Liebe ostpreußischer Marjellchen kennengelernt hat? Ach Gottchen, ja, vieles haben sie mit allen Frauen dieser Welt gemeinsam und bedarf keiner weiteren Erwähnung. Was sie unverwechselbar machte war ihre Bestimmung, für den Nachwuchs in Ostpreußen zu sorgen, immer wieder neuen Marjellchen und Lorbassen das Leben zu schenken. So wahr es ist, daß Störche, Oadebare, auf einem Bein stehen können: sie nahmen ihre Verpflichtung sehr ernst, mehr als manche Jungchens, die sich durch Jagd, Fischfang oder Meschkinnes, das ist: Bärenfang zum Trinken, von dieser im Prinzip nicht reizlosen Aufgabe, vorübergehend, ablenken ließen.

Für die Zukunft zu sorgen haben die Marjellchens übrigens bis heute nicht aufgehört, wo immer sie leben, immer wieder wachsen neue Ostpreußen nach; so erkennen wir mit erstaunten Augen die verwunderliche Situation, daß zwar Ostpreußen als Land futsch ging, ostpreußische Menschen weiter neu geboren werden. Man möchte darum bitten, dieses als Weltwunder in die Annalen der Geschichte aufzunehmen.

Besucher, Zugereiste aus dem Reich, Feriengäste bekamen wenigstens eine Ahnung von der Spitzenleistung der Schöpfung, wieder zu Hause, berichteten sie verzückt von den Marjellchen in Ostpreußen. Keinen unnötigen Verdacht zu erregen, verschlüsselten sie gerne ihre Botschaft, verbargen sie zwischen einheimischen Spezialitäten wie Stint, Glumse, Elch und Schmandhering. Sprachen allgemein von strohblonden Zöpfen und gefälligem Körperbau, dem von Trakehner Zuchtstuten angeblich nicht unähnlich. Die Kunst war, am heimischen Herd keinen Aufstand anzuzetteln, andererseits keine Reiselust zu schüren wie Marco Polo. Vergebens, ostpreußische Marjellchen gelten zeitlos als geheimer Tip.

Wen wundert, wenn sich bei dieser Sachlage die einheimischen Jungchens um die eigene, gerechte Versorgung mit Marjellchen sorgten, eifersüchtig darüber wachend, daß niemand von ihnen naschte ein Krümelchen zuviel? Nahm sich einer dreibastig mehr heraus, als ihm zustand, möchte das biologische Gleichgewicht zwischen den Geschlechtern aus den Angeln gehoben worden sein. Genau das ist, Erbarmung, in Karklienen passiert. Schuld daran war, ausgerechnet, einer aus den eigenen Reihen, das Jungchen Dobinski Jochen. Wer hätte gedacht, daß alles so kommen würde wie es kommen sollte?

Zunächst machten Gerüchte die Runde, gesprochen wurde so und wieder so. Der Lorbaß soll mit dem Marjellchen Erika gesehen worden sein, wie er mit ihr, für neidvoll lange Zeit, in einem übermannshohen Strohhaufen verschwunden sei. Oder: statt sich um die anvertraute Schafherde zu kümmern, habe man Dobinski mit dem Marjellchen Lieselotte am Bachufer vergnügt im hohen Grase spielen gesehen, liegend, so die Version einer Pilzsammlerin. Auf der Bleichwiese soll sich das Jungchen kurz darauf an die glutäugige Käte herangemacht haben, erst sich daran erfreuend, wie sie mit nackten Füßen hin und her geeilt, die ausgebreitete Wäsche zu sprengen, dann sich vornüber bückte, dieselbe mit starken Armen zusammenzulegen, aufzuheben und wegzutragen. Später, nachdem beide in der Schlafkammer verschwunden waren, seien Rufe des Entzückens nach draußen gedrungen, mehr als beim Zusammenlegen sauberer Wäsche gewöhnlich ausgestoßen werden.

Ob den schattigen Platz unter dem Kruschkenbaum, die Scheune hinter dem Teich mit den quakenden Poggen, die nicht mehr benutzte Pferderemise oder das Bienenhäuschen des Lehrers am Kleefeld, was immer ein liebendes Herz oder Hirn sich in Karklienen ausdenken mochte als idealen Ort für die Liebe, stets wurde das Jungchen Dobinski damit in Verbindung gebracht. Ob zu Recht oder Unrecht? Wer will das wissen? Man müßte die Marjellchens von Karklienen fragen, nur schweigen die eisern bis heute über das, was wirklich passiert ist. Dennoch, ein Zipfel des geheimnisvollen Schleiers über die Ereignisse soll in Kürze gelüftet werden, es wird lediglich gebeten um etwas Geduld.

Der rechtschaffene Mensch wird sich fragen, wie Dobinski Jochen das alles leisten konnte, was ihm die Gerüchte zuschrieben. Wer seiner Arbeit tagsüber nachgeht, wie es sich gehört, wird ehrlich müde sein, selbst wenn er von der Natur so ausgestattet wäre wie das Jungchen. „Was zuviel ist, ist zuviel", murmelte die zahnlose Dorfälteste beim Kartenlegen, lehnte es sogar ab, anderen Mannchens einen kräftigen Zaubertrunk aus Königsberger Fleck, Eulenfedern und Kürbiskernen zu brauen. Das Jungchen Dobinski konnte darüber nur lachen, sparte einfach an Arbeitskraft ein, was er für die Marjellchen übrig hatte.

So traf man ihn tagsüber müßig zu Hause an, vor seiner niedrigen Kate aus Holz. Ihr Strohdach wies ziemliche Löcher auf, was indessen wenig ausmachte, weil die Kate unter dem Schutz einer mächtigen Linde stand, die ihre ausladenden Äste wie einen Schirm über das ganze Dach breitete. Dobinski Jochen lag am liebsten auf der Wiese vor seinem Haus, eine Angel in den Fischteich direkt vor seiner Nase haltend, wobei es geschah, daß er den Biß mancher Karauschkes manchmal verschlief.

Die übrigen Jungchens von Karklienen, von soviel Müßiggang erbost, verständlich, steigerten sich in Wut, wurden fuchtig, fälschlich versuchend, sich mit vermehrter Arbeit im Wald oder auf dem Feld abzureagieren. Oder sie jagten ihre Gespanne, peitschenknallend, über Felder und Landwege, fuhren mit hochaufgeladenen, schwankenden Getreidewagen um die Wette. Wen kann es überraschen, daß auf solche Weise die Marjellchen immer jachriger wurden nach Dobinski Jochen, den Ausgeruhten, den sie für einen Lebenskünstler, irgendwie, hielten? Ohne weiteres ist einzusehen, daß dieser unhaltbare Zustand auf eine, nennen wir es Krise, zusteuerte.

In einer Julinacht trafen sich die unverheirateten Jungchens von Karklienen, so ungefähr vierzehn an der

Zahl, heimlich an der alten Eiche außerhalb des Dörfchens, beratschlagten über Abhilfe, grübelten hin und her.

„Man muß sehen, daß er zum Militär nach Insterburg eingezogen wird", hieß es, oder: „Wir werden ihn, mit einem Sack über dem Kopf, nach Kulligkehmen fahren, in der Nacht abladen." Das Dorf war wegen seines chronischen Mädchenmangels berüchtigt. Ihm weniger zu essen zu geben, wurde vorgeschlagen oder eine Tracht Prügel zu verabreichen zur Abkühlung.

Der Mond stand am klaren Sternenhimmel, Babuttchen umkreisten die Verschwörer, als sie beschlossen, es noch einmal in Güte zu probieren. Eine Abordnung wurde gewählt, sie sollte dem Jungchen Dobinski gut zureden, als letzte Warnung vor strengeren Maßnahmen.

Am nächsten Tag suchte die Delegation Dobinski Jochen auf, welcher vor seiner Kate damit beschäftigt war, einen fetten Hecht auszunehmen. Der Wortführer sprach zu ihm so:

„Dobinski Jochen, die Marjellchen von Karklienen sind Geschöpfe Gottes, wir sind gekommen dich zu fragen, ob du einwilligen kannst, daß niemand die Schöpfung für sich allein beanspruchen kann?"

„Ich kann ohne weiteres einwilligen", sprach das Jungchen, ohne zu zögern, wischte sich Fischschuppen mit dem Ärmel aus dem Gesicht, anschließend die überflüssigen Gedärme des ehemaligen Hechtes zurückwerfend in den Teich, patschend, seinen früheren Verwandten zum Fraß.

„Dann müssen wir mit dir darüber reden, wie sich die Karkliener Geschöpfe auf alle Jungchens aufteilen lassen, gleichmäßig, wie sich versteht. Habe ich gut gesprochen?"

„Du hast gut gesprochen. Aber höre, daß ich nicht ein bestimmtes Mädchen für mich beanspruche, überhaupt verträgt sich nicht die Erhebung eines Anspruches mit Liebe. Warum arbeitet ihr nicht weniger und kümmert euch dafür mehr um die Marjellchen? Denkt nach über die richtige Einteilung und stört mich nicht weiter bei der Vorbereitung meiner Hechtmahlzeit."

Der Sprecher wollte aufbrausen, ein Delegationsmitglied fiel ihm in den Arm. Der dritte nahm das Wort:

„Du sagst, daß du keinen Anspruch erhebst auf alle Marjellchen von Karklienen, sämtlich, kannst du deinen Worten auch Taten folgen lassen?"

„Ich kann, ohne weiteres, auch das."

Die Mitglieder der Abordnung traten kurz zusammen, berieten sich und sprachen sofort: „Wir wollen dir einen Vorschlag machen. Du sollst, zum Beweise deiner Unschuld, vier Wochen lang eingeschlossen sein im oberen Zimmer deiner Kate, abwechselnd bewacht von unseren Jungchens. Damit sollst du gehindert werden, dich heimlich zu den Marjellchen hinauszustehlen. Man wird sie auf diese Weise von dir abgewöhnen."

Dobinski Jochen hielt den ausgenommenen Hecht gegen die Sonne, wendete ihn nach allen Seiten, nickte zufrieden. Er sei einverstanden, vorausgesetzt, man übernehme seine Pflichten auf dem Feld. Er habe nichts dagegen, ab heute in seinem Zimmer eingeschlossen sowie unter Kontrolle gestellt zu werden, die Jungchen mögen ihre Sicherheitsmaßnahmen treffen, nach Belieben.

Noch am selben Abend rückten Wachen auf, je zwei Doppelposten mit Flinten, einer vor der Haustür der Kate, der andere auf der Rückseite. Der Befehl lautete aufzupassen, daß keine Leiter an ein Fenster angelegt werde, hinauszusteigen und zu flüchten. In Karklienen ging jedermann davon aus, daß Dobinski Jochen die erste Unaufmerksamkeit der Wachen nutzen würde zu entweichen, neuen Liebesabenteuern entgegen.

Die radikale Entziehungskur indessen, zur allgemeinen Überraschung, schien sich zu bewähren. Wechselten selbst die Marjellchen nicht die Fronten? Zu zweit, zu dritt, erschienen sie bei den Wachen, verpflegten sie mit geräucherten Würsten und Speck, setzten sich zu den Posten, trieben mit ihnen Schabernack.

Bei der Wache hinter der Kate, unter der großen Linde, wie man sich freundlich erinnern wird, ging es besonders lustig zu, laut wurde gesungen und ein Schlubberchen Meschkinnes nach dem anderen getrunken. Die Wache, die Flinte an den Baumstamm gelehnt, rief alle zwei Stunden zu Dobinski Jochen hinauf die Parole, worauf jener erwiderte: „Es ist, melde ich euch, hier oben alles in bester Ordnung." Vermutlich wäre die heile Welt von Karklienen erhalten geblieben bis in alle Ewigkeit, hätte es nicht, keine drei Tage waren vergangen, nächtens ein unerhört klappriges Geräusch gegeben aus der Kammer des Gefangenen im ersten Stock der Kate.

Die vordere Wache rief laut:

„Bist du, Dobinski Jochen, anwesend, so sprich und gib an, was bei dir gepoltert hat wie ein Donnerschlag."

„Es ist, verspreche ich, hier oben alles in bester Ordnung. Gepoltert hat nuscht."

Daraufhin peeste eine der Vorderwachen um die Kate herum und sprach zur hinteren folgendermaßen:

„Das gefangene Jungchen befindet sich oben, so ist zu hören. Was aber hat gepoltert, weil ein Mensch alleine so laut gar nicht poltern kann?"

Sputig zündete der Wachhabende, mißtrauisch geworden, die Stallaterne an, befahl: „Dem verdächtigen Geräusch muß nachgegangen werden, auf der Stelle." Die Leitern, die Prüfung ergab es, hingen unbenutzt wie vorher unter dem Dach. In seiner Ratlosigkeit griff der Wachhabende zu einem alten Mittel der Menschenführung, er schoß wild in die Luft, rief laut: „Alarm!"

Im Nu lief eine aufgeregte Menge zusammen, begehrte eine Hausdurchsuchung bei Dobinski Jochen, versuchte die Holztür zur Kate aufzuwuchten. Nach einem Weilchen öffnete der Gefangene, verschlafen und geblendet vom Schein der Stallaterne. Er hub an:

„Mein Anblick wird euch davon überzeugen, daß ich mein Versprechen gehalten und die Kate nicht verlassen habe. Dank sage ich euch dafür, daß ihr beschützt habt meine Ruhe. Nun überzeugt euch selbst durch Augenschein und geht dann wieder auf eure Posten, wie es ist die Pflicht."

Die Jungchen durchsuchten das Zimmer, bückten sich unter das Bett, öffneten das Schränkchen davor, sahen in der Kanne mit Waschwasser nach. Nuscht nich. Der Sprecher grübelte:

„Der Himmel mag wissen, was gepoltert hat. Hier kann es nicht gewesen sein." Beim Wort „Himmel" fiel sein Blick, gewohnheitsmäßig, nach oben, blieb hängen an einem Rockzipfel, eingeklemmt und abgerissen von der Luke, welche abschloß den Zugang zur Lucht, das ist ein Dachboden.

Im Nu kletterten die Wachen über das Bett, stiegen durch die Luke auf die Lucht, entdeckten ein vollkommenes Liebesnest, mit Schafspelzen ausgelegt, leer im Augenblick, jedoch noch, Erbarmung, warm.

„Dort", erklärte der Wachhabende feierlich, „ist man hergekommen", wies auf die Löcher im Strohdach, groß genug, selbst die molligsten Marjellchen aus dem Dorf hindurchschlüpfen zu lassen. „Man wird sich an einem Ast der Linde heruntergelassen haben, während die übrigen Marjellchen die Posten von ihrer Pflicht abgehalten haben."

Ein spachheistriges Jungchen, die Lucht weiter absuchend, fiel, bei der Untersuchung der Dachbalken, vorübergehend in Ohnmacht. Der hinzueilende Helfer machte die nämliche Entdeckung, sprach heiser:

„Es ist, wie ich erkenne, nicht nur ein Marjellchen aus dem Dorf hier oben eingedrungen. Ich nehme auf meinen Eid, in diesen dicken Balken haben alle Marjellchen aus Karklienen ein Herz mit ihren Vornamen eingeritzt." Sichtlich aus der Fassung rang er nach Luft, stieß gurgelnd mit letzter Kraft aus: „Ich bitte darum, sofort, als Nächster hier oben eingesperrt zu werden."

Kleiner Lorbaß, großer Lorbaß

VATI: Hast du gehört? Mutti ruft aus der Küche, du möchtest schon anfangen, deinen Spinat zu essen, bitte.

SOHN: Es gehört sich nicht zu beginnen, bevor alle am Tisch sitzen, sämtlich. Wurdet ihr früher nicht erzogen?

VATI: Krakeele nicht altklug herum. Der Spinat soll nicht kalt werden. Mit Erziehung hat das nuscht zu tun.

SOHN: I wo doch, ich denke, Spinat gibt es überhaupt bloß zu Erziehungszwecken. Kennst du ein Mannche, das Spinat gegessen hat, weil ihm danach gejankert hat?

VATI: Spute dich. Iß endlich den Spinat.

SOHN: Mir wird beim Anblick der vollen Schüssel schwiemelig. Ich werd' krank, gleich muß ich kotzen.

VATI: Schabernack. Spinat ist im Gegenteil höchst gesund und fördert das Wachstum.

SOHN: Schrumpelt darum Tantchen Gnuspel aus Heydekrug, weil sie keinen Spinat ißt und sich immer die Speckwürfel von den Keilchen runterpuhlt?

VATI: Tantchen ist betagt. Alle Menschen werden im hohen Alter kleiner.

SOHN: Warum nötigt man nicht sie, statt der Gnosen, Jungchen und Marjellchen, und sagt: „Alte, eßt Spinat!"

VATI: Der Begriff „Wachstum" ist nicht wörtlich zu verstehen. In Wirklichkeit stärkt Spinat rundum deine, ich sage mal, Widerstandskraft.

SOHN: Wieso meine? Mutti nötigt so: „Ein Löffelchen für Opa, einen Löffel für's Großchen, ein Löffel für Onkel Paul, der sich an einem harten Brotknusel die Zähne ausgebrochen hat und nu weiches Essen braucht."

VATI: Elterliche Redensarten, Angewohnheiten ohne

weitere Bedeutung. Bowkes sollen beim Spinatessen keine Sperenzien machen, sie kapiern einfach nicht, daß Spinat äußerst eisenhaltig, folglich
gut für das Blut ist.

SOHN: Eisen gibt es auch ohne Spinat. Mich leckert mehr
nach gefrorenem Eis am Treppengeländer im
Winter, oder wenn ich Rost an meinem Poggenritzer ablutsche, bekomme ich einen Mutzkopp
von euch, weil es eine Blutvergiftung geben kann.
Sterben Menschen, sobald das Eisen vom Spinat
im Blut rostet und sie vergiftet?

VATI: Du sabbelst wie ein kleiner Pischer.

SOHN: Unser Lehrerchen hat gesagt, daß Herr Ol-
schewski mit Spinat zu tun hatte und längst tot ist.

VATI: Ich kenne keinen Herrn dieses Namens.

SOHN: Könnte sein, er hieß ganz anders, ich horche in
der Schule nicht so genau hin. Auf alle Fälle ist ein
Drucker, Setzer oder Korrektor am vielen Spinatessen schuld. Als in einem wissenschaftlichen
Fachbuch die Eisenhaltigkeit von Spinat angege-
ben wurde, ist bei den Prozenten das Komma
zwischen den Nullen um eine Stelle verrutscht.
Seit Generationen glauben Millionen, daß im Spinat mehr Eisen enthalten wäre als in Schmorkohl
oder Königsberger Klopsen. Mich jankert auch
mehr nach Spirgel mit Rührei.

VATI: Du mußt nicht alles glauben, was Lehrer erzählen.

SOHN: Gib zu, du hast Angst vor dem Sterben, sprich!

VATI: Wie kommst du darauf?

SOHN: Weil du keinen Spinat ißt!

VATI: Du weißt genau, daß wir geschlachtet haben. Da
bekomme ich frischen Brägen, Gehirn, vom
Schwein, in Butter gedämpft, mit gebratenen Zip-
peln, Zwiebeln. Hm, ich rieche den Duft aus der
Küche, Mutti wird gleich soweit sein.

SOHN: Warum bekommen wir Kinder nie davon ab?

VATI: Erstens, weil wir als Kinder ebenfalls Spinat essen

mußten, es war eine, schwöre ich, Quälerei. Hat sie mir, sieh' mich an, geschadet? Dich wird der Spinat auch nicht umbringen. Zweitens wird gesagt, daß Brägen dumm mache und Kinder davor geschützt werden müßten.

SOHN: Sind deswegen so viele Erwachsene dumm?

VATI: Sei nicht so dreibastig. Es gibt auch Erwachsene, die keinen Brägen essen.

SOHN: Wieso kann dann das Lehrerchen behaupten, daß ich dumm sei, wenn ich doch gar keinen Brägen kriege? Neulich hat das Lehrerchen gesagt: „Du sollst dich schämen, in deinem Alter habe ich solche dummen Fehler nicht gemacht." Da habe ich ihn gefragt: „In welchem Alter haben Sie damit angefangen?"

VATI: Du sollst nicht immerzu Lehrerchen sagen, das klingt frech. Es heißt „Herr Lehrer" oder „Herr Dubbas".

SOHN: Uns wurde beigebracht, daß die Verkleinerungsform typisch ostpreußisch ist. Wir sagen „Herr Doktorche, Herr Pfarrerche, das Mondche, dem Hundche." Man sagt ja auch mit Respekt liebevoll „Ach Gottche, ja".

VATI: Gewiß, dennoch, man kann nicht, ohne weiteres, an jedes Wort ein -che hängen.

SOHN: Wie heißt dann „Kaninchen" richtig? Ich kann mir denken, wen du meinst. Vor ein paar Tagen haben wir, einige Jungchens vom Dorf, hinter der Fliederhecke im Garten vom Krug gelauscht, wie der Tierarzt, nach der Fleischbeschau, sich mit der Frau vom Druckereibesitzer begniddert und sie abgebutscht hat. „Marjellchen" hat er zu ihr gesagt, wo sie doch vier Kinderchen hat. Sowas schickt sich nicht aus sprachlichen Gründen, er hätte „Marjell" oder besser „Frau Marjell" sagen müssen.

VATI: Gleich wirst du behaupten, daß der Lehrer mit dir zufrieden sei.

SOHN: Woher weißt du? Er hat gesagt: „Erbarmung, wenn alle Schüler wären wie du, dann könnte ich die Schule gleich zu machen."

VATI: Spiel bloß nicht rapplig. Was hältst du davon, nu deinen Spinat zu essen?

SOHN: Rein gar nuscht.

VATI: Warum nicht, bitteschön?

SOHN: Weil ich nicht in die Politik gehe.

VATI: Lenk' nicht ab. Was hat das mit Spinat zu tun?

SOHN: Ei nei, wo werd' ich. Das Lehrerchen hat gelehrt: Bismarck wurde auch der „Eiserne" Kanzler genannt. Der muß viel Spinat gegessen haben, was meinst? Dem Ritter Götz von Berlichingen soll eine eiserne Faust, hat der Piefke gesagt, nachgewachsen sein. Hast du mal was mit einer „Eisernen Jungfrau" gehabt? Das Lehrerchen plinkert mit den Augen, wenn er von ihr spricht.

VATI: Ich verbitte mir solche Anspielungen, mit gewissen Madamchens habe ich mich niemals abgegeben. Du solltest lieber dankbar sein, daß deine Mutti sich so viel Mühe mit dem Essen macht.

SOHN: Danke sagen, ich weiß. Als meine kleine Schwester Mathilde zum Geburtstag von der geizigen Patentante ein ausgebleichtes Kleidchen geschenkt bekam, sagte Mutti ihr, sie solle sich bedanken. Mathildchen bedankte sich brav. „Nicht der Rede wert, das Geschenk", sagte die Tante. Darauf gab Mathilde zur Antwort: „Ich weiß Bescheid, aber Mutti hat gesagt, ich soll mich trotzdem bedanken."

VATI: Ich vermute, daß deine Kameraden gerne Spinat essen, wenigstens. Nimm dir an ihnen ein Beispiel.

SOHN: Der Lodderjahn Schniewke von der letzten Bank ißt von morgens bis abends Spinat, weil er ihn nicht verträgt. In der Schule beneiden ihn die Jungchens, sämtlich, weil er sputig verschwinden muß und stundenlang schwänzt. Sitzt sogar gerne über Mittag draußen in dem Klosetthäuschen, ungestört, zu dieser Zeit sind nämlich die Fliegen beim Essen in der Küche.

VATI: Erinnerst du dich an einen gewissen Kaspar, von dem ich dir vorgelesen habe?

SOHN: „Der Kaspar, der war kerngesund, ein dicker Bub und kugelrund. Er hatte Backen, rot und frisch; die Suppe aß er hübsch bei Tisch. Doch einmal fing er an zu schrein: Ich esse keine Suppe! Nein! Ich esse meine Suppe nicht! Nein, meine Suppe eß ich nicht!"

VATI: Mich erfreut sehr, daß du dieses Lehrstück vom Suppenkaspar auswendig behalten hast. Ein wahres Vorbild!

SOHN: Deibel nochmal, er hat fünf Tage länger gelebt, weil er die Suppe nicht, wie verlangt, sofort gegessen hat. Überhaupt, was hat Suppe mit Spinat zu tun? Er möchte heute noch leben, wenn man ihm Schmandheringe mit Pellkartoffeln gegeben hätte oder gebratenes Ganterchen. Der Suppenkaspar hatte Dusel, er starb, die Eltern blieben zur Strafe kinderlos.

VATI: Mir scheint es an deiner geistigen Einstellung zu hapern. Weißt du überhaupt, was ein „Geist" ist?

SOHN: Ei natürlich. Der Sohn vom Pfarrerchen hat mir erklärt: „Ein Jeist is eine unsichtbare Person, die du nur bei Nacht im Dustern sehen kannst."

VATI: Wäre es dir eine Hilfe, die Eltern vom Spinat essen zu sehen? Ich spreche von Augenschein, Erziehung durch Nachahmung.

SOHN: Erbarmung. In Schlobitten soll eine halbe Familie auf diese Weise ausgerottet worden sein. In der Todesanzeige stand: „Es hat Jott im Himmel jefallen, meine liebe Frau, unser Muttchen, Schwiejermutter, Tante und Jroßmutter Karnickel zu sich zu nehmen."

VATI: Du bekommst fünf Mark magrietsch, umsonst, spendiert, wenn du den Spinat endlich artig ißt.

SOHN: Beim letzten Mal hast du mir 10 Mark angeboten.

VATI: Du hattest Grippe, Magenkrämpfe, vierzig Grad Fieber. Spinatessen unter erschwerten Bedingungen, wie man so sagt.

SOHN: Ich werd' zu Mutti in die Küche gehen und mir Lungenhaschee bestellen, meine Lieblingsspeise.

VATI: Untersteh' dich, du Luntruß!

SOHN: Wenn nich, wirst sehen. Am Sonntag kommt Onkel Erich aus Insterburg zu Besuch, den ihr beerben wollt. Ich werd' ihm über den Putenbraten die Wahrheit sagen.

VATI: Die wäre?

SOHN: Ich werd' sagen, daß es doch der krepierte Kurr, Truthahn, is.

VATI: Dunnerlittchen, erpressen lasse ich mich nicht. Ich sollte dir auf die Backe hauen.

SOHN: Meinswegen. Mußt aber gut aufpassen. Der Schmandke hat gesagt, in der Bibel steht, wenn dich einer auf die Backe haut, halte die andere hin. Als er einen Hasen gewildert hatte, schlug der olle Schmandke vorbei und traf seine Nase. Weil er bloß eine hatte, wußte der Bowke nu nich mehr, was er hinhalten sollte, wie es sich gehört.

VATI: Halt' deine Kodderschnauze, mir reicht's. Mutti ruft aus der Küche und möchte wissen, ob du den Spinat aufgegessen hast?

SOHN: Du hast mich ja nich gelassen. Mit vollem Mund spricht man nicht. Außerdem schickt es sich nicht, zu fluchen.

VATI: Ei der Deikert. Ich werd' dir zeigen, was ein richtiger Lorbaß ist!

SOHN: Mutti, Mutti, komm schnell her. Vati hat mit der Faust auf den Tisch geschlagen und sich von oben bis unten mit Spinat bekleckert. Nu sieht er wie ein großer Lorbaß aus, der seinen Spinat nicht essen will. Jetzt muß er sich mit einem Kodder abwischen gehen, da kannst du mir inzwischen seinen Brägen mitbringen, weil mich danach jankert.

Eheberater Wippezoagel

Liebe geht, neu ist die Erkenntnis wirklich nicht zu nennen, durch den Magen. Seltener ist der Fall, daß Eheleute vor dem Gang zum Scheidungsanwalt ein gutes Restaurant aufsuchen, um womöglich das Schlimmste zu verhüten. Völlig ungewöhnlich war die Idee, vom Zerfall bedrohte Ehen durch Verbesserung von Kochkünsten zu retten. Auf sie konnte nur einer wie Bonifaz Wippezoagel kommen, durch schieren Zufall, wie zu vermuten erlaubt sein muß.

Alles was wahr ist, Bonifaz Wippezoagel war jeglicher körperlicher Betätigung abhold, der bloße Gedanke an eine Berufsausübung trieb ihm Schweißtropfen auf die Stirne. Er hielt sich zugute, ein echter Landstreicher zu sein, leitete seine Abstammung von den Wengiaern her, pflegte auf alle Fälle französische Lebenskunst, von den eingewanderten Hugenotten, oder was er darunter verstand, abgeleitet. Sein gepflegter Müßiggang störte niemand in der Gegend zwischen Goldap, Gumbinnen und Tilsit, zumal er sich mitunter nützlich machte, hier einen Staketenzaun reparierte, dort ein Hühnerkaburr für Dittchen reparierte. Am liebsten spielte er mit der Mundharmonika auf der Straße, in einem geflickten, schwarzen Anzug aus dem Leihhaus, zu seinen Füßen den umgedrehten Hut, in den neugierige Gnosen Münzen, Knöpfe und Steinchen warfen. Bei einer solchen Gelegenheit beginnt eigentlich unsere Geschichte erst, niemand wird das, sagen wir mal, überraschen.

An dem gewissen Sommertag war es heiß, kein Wölkchen am Himmel, Bonifaz Wippezoagel knurrte der Magen, er spielte gedankenverloren vor einem etwas abseits vom Dorf gelegenen Haus, als ihm unversehens handtellergroße Geschosse um die Ohren flogen. Übte die Gumbinner Infanterie im Manöver Häuserkampf? Erschreckt fuhr er zusammen, suchte unwillkürlich nach Deckung. Die Objekte flogen unzweifelhaft aus dem Haus heraus. Neugierig schlich Wippezoagel näher, auf dem Bauch kriechend, entdeckte auf der Terrasse ein miteinander streitendes Ehepaar. Der Gatte riß die Scheiben von einem Haufen auf dem Teller herunter, brach sie teilweise mittendurch und schleuderte sie wild herumfuchtelnd weit von sich. Machte Anstalten, sich auf sein Frauchen zu stürzen, erst im letzten Augenblick den fremden Zeugen erblickend, hielt er inne, schien ihm eine Erleuchtung gekommen:

„Treten Sie unbesorgt näher, mein Herr", bellte er heiser, „hier bekommen sie reichlich zu essen, wenn Sie todesmutig genug sind."

Das so angeredete Herrchen Wippezoagel wollte nicht unhöflich sein, zumal sein Magen zu revoltieren drohte, seit Tagen war er leer geblieben, durchmaß sputig den Garten, stellte sich artig vor, verbeugte sich und nahm am gedeckten Eßtisch Platz.

„Nun wirst du sehen, ob ein Mensch deine Kochkünste überleben kann", zischelte der Gastgeber, ein gewisser Amtsrichter Gruber, seiner eingeschüchterten Frau zu. Gleichzeitig klatschte er dem Wengtiner einen Stapel schwarzer Scheiben auf den Teller mit der Nötigung, fest zuzugreifen.

Bonifaz Wippezoagel ließ sich das nicht zweimal sagen, legte sich das Himmelsgeschenk auf den Teller. Gespannt beobachtete das Ehepaar die Reaktion des hereingeschneiten Gastes. „Nun, wie schmeckt's?" erkundigte sich lauernd der Gatte.

Wippezoagel fühlte sich beim Anblick der Scheiben von ferne an Kartoffelpuffer erinnert, auf jeden Fall an Schuhsohlen. Die platten Dubasse waren tiefschwarz angebrannt, zäh wie Leder, gewaltsam riß und zergte er einen Fetzen nach dem anderen ab, bevor er sich das Material, strohtrocken, wie es war, in den Mund schob. Auf der Zunge verspürte er einen spröden, klebrigen Geschmack, der Unterkiefer begann ihm beim Kauen zu schmerzen. Gleichwohl verzog er keine Miene, im Gegenteil.

„Köstlich", rief Wippezoagel überraschend immer wieder aus, wenn er nicht gerade nach Luft rang, weil ihm die Puste ausging, schmatzend: „Unübertrefflich schmecken diese Kartoffelflinsen. So wunderbar, einzigartig hat sie seit meiner Mutter nie wieder jemand zubereitet!"

Die Gastgeberin, aus schierer Angst vor Prügel hatte sie wie unter einem Schock gestanden, bekam allmählich wieder Farbe im Gesicht. Verstohlen stupste sie ihren Mann in die Seite.

„Hast du gehört, was der liebe Herr, wie war gleich der Name? Was Herr Wippezoagel gesagt hat? Die Flins'chen schmecken ihm, als hätte sie seine Mutter gemacht. Gibt es ein höheres Lob für Kochkünste?" setzte sie zu Tränen gerührt hinzu.

„Wenn schon", grummelte der Gatte mißmutig, „woher soll ich wissen, wie die Flinsen seiner Mutter ausgesehen und geschmeckt haben?"

Der Wengtiner hörte nicht auf, ihren wundervollen Geschmack zu preisen, streute reichlich Zucker darüber, aß Preiselbeeren löffelweise und zog ein um das andere Mal seine Augenbrauen verzückt in die Höhe.

„Sie können von Glück sagen und dem Himmel danken, mein Herr, daß Ihre Frau Gemahlin eine so hervorragende Köchin ist. Zwischen Kurischem Haff und Pissa habe ich keine besseren Kartoffelflinsen gegessen, das nehme ich, ohne zu zögern, auf meinen Eid. Wenn Sie gestatten, genehmige ich mir noch welche."

Der Ehemann blickte verunsichert zuerst den Gast, dann seine Frau an. Sollte er sich dermaßen geirrt haben? Ohne Gesichtsverlust gab er sich kompromißbereit.

„Die angebrannten Teile lassen sich schließlich abkratzen."

„Erbarmung, nei doch", entsetzte sich der Wengtiner, „auf die Weise geht womöglich das Aroma verloren. Haben Sie nie davon gehört, mein Herr, daß Kartoffeln, im Herbst auf Stoppelfeldern ins Feuer geworfen, mit der knusprigen, schwarzen Schale gegessen werden? Eine Delikatesse", setzte er schmatzend und genießerisch hinzu.

Der Hausherr räumte ein, in zwanzigjähriger Ehe die häufig angebrannten Speisen nie von dieser Seite bewertet zu haben. Risikofreudig grabschte er sich eine verbrannte

Scheibe, malmend darauf herumzukauen. Wiegend bewegte er seinen Kopf, kullerte staunend mit den Augen:

„In der Tat spüre ich, Herr Wippezoagel, den Geschmack von gebrannten Mandeln auf der Zunge. Die Konsistenz erinnert an die knusprige Haut eines durchgebratenen Ganterchens. Alles im Leben ist, erkenne ich, eine Frage der Einstellung, Perspektive."

„Die Güte einer Speise bestimmt sich nicht nach ihrer Zubereitung, sondern nach dem Esser", gab sich der Gast bescheiden.

Das Frauchen des Amtsrichters plinste vor Rührung, dicke Freudentränen kullerten auf ihren Teller. Zum ersten Mal in der Ehe, nach qualvollen Jahrzehnten, hatte sie am gedeckten Tisch ein Lob geerntet. Die Prophetin gilt nichts am eigenen Herd, dachte sie still bei sich, das späte Eheglück verdanke ich diesem fremden Herrchen, ausschließlich.

Der Amtsrichter gönnte sich nach dem Mahl zur Feier des Tages einen Koks, das ist: ein Glas Rum mit einem Stück Würfelzucker darauf, zündete sich eine Importen aus Havanna an, lud aufgeräumt Wippezoagel ein, vorläufig weiter im Hause zu verweilen. Von Tag zu Tag lernte er unter Anleitung des Gastes die Speisen seiner Frau zu loben und ihr dabei zärtlich die Hand zu puscheien. Der Eheberater baute unterdessen sein System aus, probierte nach Streitigkeiten Königsberger Klopse oder Schmorkohl, empfahl gegen erkaltende Gefühle Schusterpastete und an besonderen Feiertagen, Geburtstagen, Hochzeitstagen zur Nachspeise Raderkuchen sowie Marzipanstückchen. Hätte der Gastgeber mit den überraschenden Fähigkeiten Wippezoagels am Stammtisch nicht so geprahlt, wer weiß, vielleicht wäre er bis zur Silberhochzeit Gast im Hause geblieben. Nun aber sprachen sich seine Talente in der Gegend herum, Bonifaz Wippezoagel galt als erfolgreicher Eheberater, wurde abgeworben, ist doch die Not in vielen Ehen, wenn es gestattet ist so zu sagen, groß.

Bei Jablonskis lag die Sache anders. Die Sache: Herr Jablonski, seines Zeichens Viehhändler, war häufig tagelang unterwegs. Einmal zu Hause, hatte er ausschließlich Appetit auf seine junge, schwarzhaarige Frau Jessica, die ihm jeden Wunsch von den Augen ablas, und eine einzige Lieblingsspeise. Kaum zu glauben, genau hier nahmen die Eheschwierigkeiten ihren Anfang. Das Frauchen Jablonski hatte lediglich eine Schwachstelle, dem Himmel sei's geklagt, lag sie bei Jungsiegfried in der Nibelungensage zwischen den Schulterblättern verborgen, versagte Jessica beim Kochen von Schwarzsauer, ausschließlich. Die Köchin, bei der sie gelernt hatte, konnte kein Blut sehen und fiel regelmäßig in Ohnmacht bei der Herstellung dieser ostpreußischen Spezialität. Herr Jablonski, seinerseits rasend eifersüchtig, hatte kein Auge für andere Frauen und wünschte nichts anderes zu essen als, wie gesagt, Schwarzsauer. Erbarmung, was soll dabei anderes herauskommen als eine Tragödie?

So. Bei Licht besehen konnte nur Bonifaz Wippezoagel helfen, das ist nicht schwer zu erahnen. Jessica hatte von seinen Talenten gehört und ihn heimlich zu sich bestellt, während Jablonski in Viehgeschäften reiste. Waren im Herbst die Ganterchen schlachtreif, tauchte pünktlich der Wengtiner zum Privatunterricht auf, geschniegelt und parfümiert. Er ging bei Frau Jablonski, ohne weiteres, methodisch zu Werke.

Vorab erklärt er ihr philosophisch, daß die Schwarze Suppe eine Erinnerung an ein pruzzisches Opfermahl sei, früher zu Ehren ihrer Göttin von Priesterinnen zelebriert. Am besten gelang Schwarzsauer zwischen Oktober und Dezember zur Zeit der Hausschlachtungen, das Doennigsche Kochbuch griffbereit in der Nähe für den Notfall.

Wippezoagel, einen Kochlöffel in der Hand, perzte, eilte in der Küche hierhin und dorthin, überwachte pingelig jeden Schritt der Zubereitung. Das Blut eines soeben geschlachteten Schweines, es durfte noch gar nicht richtig tot sein, mußte gerührt werden, solange es dampfte, in eine Himmelsrichtung, aus magischen Gründen unbestimmter Herkunft.

Auf kleinem Feuer, die Herdringe zugedeckt, wurde das

71

Blut langsam erhitzt, mit Mehl angedickt. Sprudelndes Kochen wie Ungeduld waren gleichermaßen schädlich, wegen der Klunten und Klieten, die sich sonst bildeten. In einem weiteren Topf kochen Schweinefleisch und durchwachsenes Bauchfleisch, gewürzt mit Zucker, Salz, Essig, Lorbeerblatt und Pimentkörnern. Das Fleisch soll bißfest und leicht durchsäuert sein, dann kann die Blutsuppe mit dieser Brühe aufgefüllt werden, nicht zu dünn, nicht zu hell. Dazu gehören Gewürze, Nelkenblüte (Nägelchen), Zimtstangen (Kaneel) und Wacholderbeeren (Kaddik). Die Krönung bildeten Backpflaumen, Sauerkirchen, abgerundet mit Wacholderschnaps.

Die Wirkung, sie blieb nicht aus, nach anfänglichen Fehlversuchen entfaltete Herr Jablonski, von Herbstsaison zu Herbstsaison, eine wachsende Leidenschaft, betreffend Schwarzsauer sowie seine Frau Jessica.

Im Leben kommt alles, wie es kommen soll. Alles, das ist in diesem Falle der Fortschritt in Gestalt einer Omnibuslinie, die an Jablonskis Haus vorbeigeführt wurde. Immer, wenn der Bus vorüberfuhr, zitterte die Erde, bebten die Wände, sprang knarrend, Dunnerlittchen, die Tür des Kleiderschranks im Schlafzimmer auf. Jessica sann auf Abhilfe, bat Herrn Wippezoagel, in Abwesenheit des Jablonski, den störenden Mangel zu beheben. Was lag näher, als sich zur Beobachtung des defekten Mechanismus, von innen in den Schrank einschließen zu lassen?

Soweit ging alles gut, wäre Herr Jablonski nicht während des Experiments vorzeitig von seiner Geschäftsreise zurückgekehrt. Er butschte, das heißt küßte innig sein Frauchen Jessica zum Empfang, wusch und badete sich, begab sich ins Schlafzimmer, bequeme Hauskleidung anzulegen.

Was war das? Im Kleiderschrank rumorte es, irgendwer pustete schwer. Jablonski öffnete die Tür, heraus kullerte Bonifaz Wippezoagel, ängstlich nuschelnd: „Sie werden es kaum glauben, Herr Jablonski, ich habe im Kleiderschrank nur auf den Omnibus gewartet. Erbarmung!"

Königin Luise hat Napoleon
(doch) geküßt

Das Lehrerchen der einklassigen Volksschule in Willkuscheln eröffnete seinen Kinderchen ungefähr folgendes:

„Es ist ein alter pädagogischer Grundsatz, daß Anschauung das Fundament der Erkenntnis sei. Vom ersten bis zum achten Schuljahr wird sich daher alles begeben auf den Schulhof, sofort. Man wird in den beiden letzten Vormittagsstunden, weil der Pladderregen aufgehört hat, die Geschichte Ostpreußens durchspielen nach dem Buch der Wirklichkeit. Auf mein Zeichen wird draußen Aufstellung genommen am historischen Ort in Person."

Die Kinderchen schrien Bravo, warfen Schiefertafeln und Schwämme in die Ecke, drängten lärmend zum Türchen hinaus an die frische Luft. Befanden sich ohnedies mehr zufällig im Klassenzimmer. Vorübergehend war für den Lehrer kein Vieh zu hüten. Seine Bienenschwärme waren eingefangen, Heu und Stroh unter Dach und Fach.

Auf dem von einem Staketenzaun umgebenen Schulhof entstand erst einmal Aufregung. Das Federvieh, von der Stundenplanänderung überrascht, stand im Wege. Geschichte braucht Platz. So kamen die Hühner in Kaburrs, das sind Käfige, der kläffende Hofhund wurde in seine Hütte verbannt. Puten, Gänse, Enten und Tauben hatten zu warten als Statisten des Historienspektakels. Später erst würde sie der Lauf der Ereignisse ereilen, sie zur billigen Beute des jeweiligen Siegers machen. Der stolze Hahn Perkunos beispielsweise fiel meist im Verlauf der Auseinandersetzungen in die Hand des Deutschen Ritterordens. Die Vierzentnersau Babuttchen werden schwedische Soldaten abführen. Ruhig Blut. Noch sind wir nicht soweit. In der Geschichte der Völker kommt eines nach dem anderen. Unser Lehrerchen teilte mit wissenschaftlicher Umsicht vor Beginn die Einwohner von Ostpreußen ein:

„Das erste Schuljahr", entschied er, „stellt die Urbevölkerung dar und nimmt Aufstellung zwischen Birnenbaum und Holzstapel am Scheunentor. Ihr heißt vorübergehend Goten, Pruzzen, Aestier, Galinder und gehört mit den Letten, Litauern und Kuren zur ostbaltischen Völkerfamilie. Die Weltgeschichte läßt euch beiläufig tausend Jahre unbehelligt in Frieden leben. Darum ist es nicht gestattet, anderen ein Bein zu stellen, Marjellchen an den Zöpfen zu ziehen oder Schlorren in Brennesseln zu verstecken. Beim letzten Geschichtsunterricht", fügte er warnend hinzu, „haben die Goten grüne Stachelbeeren gegessen. Einen neuerlichen Durchfall vor Kampfhandlungen möchte ich mir verbitten."

Die Kleinen wußten Bescheid. Sie ließen sich auf einer sandigen Stelle nieder, formten aus angenäßtem Sand Bauerngehöfte, rupften Grasbüschel aus, die Waldrodung zu imitieren, und klopften mit den Händen Ackerboden glatt. Eingesammelte Käfer ersetzten das Vieh. Die Erstkläßler kümmerten sich nicht um die übrigen Völker, sie waren in ihr friedfertiges Spiel vertieft, ausgenommen der Lorbaß Karnickel Wenz. Er ließ seine Muskeln spielen, das Jungchen, schielte sehnsüchtig zum dritten und vierten Schuljahr hinüber, konnte den Eintritt in das Mittelalter nicht abwarten, war ihm nichts lieber als die Aussicht auf eine kleine Prügelei.

Unser Lehrerchen wandte sich der nächsten Schülergruppe zu, nieste ein paar Mal und wies mit dem rechten Arm unbestimmt in Richtung Südwesten, auf die Bienenstöcke: „In dieser Abteilung werden die nächsten vierhundert Jahre vor Augen geführt. Die Urbevölkerung muß lernen, Donnerschlag, was es heißt, andere Mächte durch Friedfertigkeit zu reizen. Der polnische Teilfürst Herzog von Masowien wird sich an den Hochmeister des Deutschen Ordens, Hermann von Salza, wenden und ihn um Unterstützung bei der Besiedlung und Beherrschung des Landes bitten. Das zweite Schuljahr, als Deutscher Ritterorden, rückt somit bis zum Ententeich vor, der uns das Frische Haff anzeigt. Das dritte Schuljahr, ohnedies durch einige Erkältungen geschwächt, wird benötigt, die beunruhigten Pruzzen zu spielen."

Die Schulkinderchen, sie hatten bisher still im Kreise gesessen und gespielt, sprangen sofort auseinander, kriegerisch, wie im Geschichtsunterricht gelernt, begannen lauthals miteinander zu streiten, zergten im zweiten Schuljahr darum, wer Hochmeister und Komtur im Orden sein dürfte, im dritten, wer als Gaufürst Heinrich Monte auf pruzzischer Seite an der Reihe war, krakeelten laut und zogen sich an den Haaren, bis es dem Lehrerchen zu dammlig wurde und er den Ersten und Zweiten Thorner Frieden, hinter der Jauchegrube, ausrief.

„Die Kontrahenten", sprach er, „möchten sich die Hand reichen, der Landwirtschaft, dem Fischfang sowie der Jagd widmen, wie uns überliefert ist."

Murrend gehorchte das zweite und dritte Schuljahr. Ein paar versteckte Kniffe und Mutzköppe, mehr blieb von den kämpferischen Auseinandersetzungen nicht in Erinnerung.

Dafür breitete sich im vierten Schuljahr, nennen wir es so, Unruhe aus. Der dicke Lorbaß Kutrus Adam witterte seine Chance, schlechte Noten in der Schule durch große Heldentaten im Leben wettzumachen. Diese Möglichkeit, immerhin, hatte er im Unterricht erkannt. Der Lehrer, energisch, verschaffte sich Gehör.

„Es sind", leitete er die nächste Epoche ein, „die Pruzzen glücklich katholisch geworden. Höchste Zeit, ihnen das wieder abzugewöhnen. Ich beziehe mich, wie jedermann wissen kann, auf den Frieden von Krakau 1525, den wir nach der Kartoffelernte durchgenommen haben. Szameitat Paul vom vierten Schuljahr wird auf seiner Schiefertafel das Wort ‚Hochmeister‘ durchstreichen und durch den Titel ‚Herzog‘ ersetzen, bevor er sie sich um den Hals hängt, zum Zeichen, daß die Stunde weltlichen Regiments in Ostpreußen geschlagen hat."

In diesem historischen Augenblick stellte sich der schielende Lorbaß Mikoteit Wenzel vor dem Lehrerchen auf, puhlte versonnen in seiner Nase, beiläufig vorsichtig forschend:

„Darf ich heute den Herzog Albrecht spielen? Dann

könnte ich 1544 die Universität Königsberg gründen und Kumst Anton, der mich immer Paslak schimpft, zur Strafe zum Professor machen. Weil er nicht einmal weiß, wie ‚Glumse‘ geschrieben wird und sich blamieren soll.“

„Wir können“, zögerte das Lehrerchen, „nicht alle Menschen, die nichts von Rechtschreibung verstehen, ohne weiteres, zu Professoren oder Herzögen machen. Es werden auch Leute benötigt, sagen wir zum Beispiel, als Opfer.“ Aufmunternd klatschte der Lehrer in die Hände.

„Alle mal herhören. Die erste Geschichtsstunde nähert sich ihrem Ende. Höchste Zeit für die Schweden, infolge der schwedisch-polnischen Erbauseinandersetzungen, für hundert Jährchen in unser Land einzurücken. König Gustav Adolf betrat, so ist bekannt, 1626 erstmalig in Pillau deutschen Boden. Ich möchte darum bitten, sich als Opfer zur Verfügung zu stellen, mit abgelegter Kledasche. Wer verwundet oder geplündert wird, kann von der nächsten Klassenarbeit befreit werden.“ Das ließen sich die Schulkinderchen nicht zweimal anbieten. Barfüßige Marjellchen aus dem fünften und sechsten Schuljahr traten vor, banden ihre sauberen Schürzen ab, legten sie auf Büsche, suchten sich weiche Rasenstücke als Unterlage zum Liegen und riefen laut, daß sie nun Tote seien. Der Pädagoge nickte zufrieden, sah sich in der verbliebenen Schülerschar um, heftete seinen Blick auf die kohlschwarzen Füße eines Bowkes:

„Du kommst in Betracht, vorausgesetzt, die Füße werden gewaschen, als König.“

Der Lorbaß peeste zur Pumpe, betätigte den Schwengel und hielt abwechselnd die Füße unter den Wasserstrahl. Es löste sich, in kleinen Klumpen, nur die Oberschicht aus Lehm. Listig lenkte er ab:

„Im vorigen Jahr, beim Tatareneinfall, Herr Lehrer, ist mir der Poggenritzer abhanden gekommen. Fehlt mir diesmal wieder etwas aus dem Fuppchen, werde ich die Friedensverträge von Labiau, Wehlau und Oliva nicht abschließen, ich schwöre.“

Der Schulmeister blickte auf seine Uhr und winkte ab:

„Ohnehin wird der Lauf der Geschichte vorübergehend unterbrochen. Ich setze, so erfordern es menschliche Bedürfnisse, eine Pause an. Kurfürsten, Soldaten aller Heere, Tote und Könige möchten das zweite Frühstück verzehren oder das Latrinchen aufsuchen. Danach wird das Schicksal seinen historischen Verlauf nehmen, sagen wir mal am Regenfaß, wo wir uns zur Wahl des preußischen Königs einfinden werden. Was bis dahin an Salzgurken, Rauchspeck und Heringen nicht aufgegessen ist, bleibt aufgehoben bis zur Epoche der Französischen Revolution."

Die Schulkinder, soweit sie Opfer spielten, erhoben sich vergnügt. Auch die übrigen verließen erleichtert ihre historischen Positionen, stärkten sich nach Leibeskräften oder spielten Ball. Ein Pfiff aus der Trillerpfeife des Lehrerchens belehrte sie allzubald, daß der Ernst des Lebens wenig Fröhlichkeit duldet, wenn die Obrigkeit es gebietet. „Wir haben", erinnerte der Pädagoge, „die Regierungszeit des Großen Kurfürsten hinter uns. Ich bitte den Hof mit Strauchbesen zu kehren, Papier aufzusammeln und Äste zu entfernen. Zur Gründung des Königreiches Preußen soll kein Mist herumliegen, herrenlos."

Die bevorstehende Königskrönung beflügelte die Phantasie der Schulkinder ungemein. Eifrig schwärmten sie aus, fegten den Hof sauber, striegelten das Vieh, entstaubten Hühner, rieben Kaninchen mit Stroh ab. Einem angepflockten Kälbchen sammelten sie, aus Anlaß der Feierlichkeit, frisches Gras. Rechtzeitig zum nachempfundenen 17. Januar 1701 erschien der, wie man sich freundlich erinnern wird, Lorbaß, zeigte seine vom Wasser leicht aufgehellten Füße vor und ließ sich sputig zum König krönen.

Schlüpfte in seine Rolle, der Luntrus, ohne sich zu genieren, schwang sich auf den Ast eines Kastanienbaumes und rief von oben:

„Wer mir sein Katapult schenkt, dem verleihe ich den Orden vom Schwarzen Adler." Die herumstehenden Untertanen schicherte er, im Sandkasten das Heilsberger Schloß und den Dom zu Frauenburg nachzubauen, nicht ohne die königliche Drohung anzufügen:

„Ich bitte mir aber aus, daß nicht wild in die Gegend gepischt wird!" Die unteren Jahrgänge gehorchten seinem Befehl. Größere Schulkinder drängten sich lieber um den Lehrer, wirbelten Dittchen in die Luft, Zahl oder Adler, bewarben sich, König Friedrich Wilhelm I. und Friedrich II. spielen zu dürfen, bekannt als „Soldatenkönig" und „Alter Fritz". Die Königsämter waren so beliebt, weil das Lehrerchen den Majestäten vorübergehend seine Trillerpfeife überließ. Damit durften sie das achte Schuljahr zum Exerzieren antreten lassen. Die Schüler marschierten barfuß in Formation vom Kuhstall bis zum Stachelbeerstrauch am Gartenzaun und zurück. Die Disziplin unterbrach erst der Einfall des siebenten Schuljahres, das stellvertretend für die Russen im Siebenjährigen Krieg in Ostpreußen eindrang und bis zum Ententeich vorrückte.

Unklar blieb, warum niemand die Rolle König Friedrich Wilhelms II. übernehmen mochte, immerhin ein Neffe von König Friedrich dem Großen. Den letzten König hatten Bowkes aus dem benachbarten Platzen verprügelt, weil er ihre Fischreusen geleert hatte, aber sonst?

Das Lehrerchen warb und bettelte für den gar nicht unbedeutenden König. Immerhin habe er eine sechsjährige Schonzeit für Elche eingeführt sowie das Brandzeichen Elchschaufel für Trakehner Pferde. Man möchte ihm, bitteschön, seine Liebschaft zur Trompeterstochter Wilhelmine Eicke aus Berlin nicht allzusehr verübeln. Er habe sie, ohne Fleiß kein Preis, später zur Gräfin Lichtenau gemacht.

Auf die Schulkinder machten die Ausführungen wenig Eindruck. Niemand trat freiwillig vor.

„Dann werde ich andere Saiten aufziehen. Heinrich aus dem dritten Schuljahr, deine Strafarbeiten werden dir erlassen, wenn du die Rolle von König Friedrich Wilhelm II. übernimmst, sofort."

Das Jungchen schützte Leibschmerzen vor, hustete kräftig. Half alles nicht, die Krönung zum König war unvermeidlich. Verplinsten Gesichts regierte der Lorbaß bis zum Regierungsantritt Wilhelms III., nicht ohne einem Stein einen Fußtritt zu versetzen, knurrend:

„Ich woll't, die Franzosen wären schon da."

Das Lehrerchen erteilte ihm einen öffentlichen Tadel ob dieses unhistorischen Ausspruchs.

„Man wird", mahnte er, „sich gefälligst an die historischen Ereignisse halten und 1806 abwarten müssen, bis Bonaparte nach Ostpreußen einrückt. Bis dahin ist eine Menge zu tun. Für die verlorengehenden Schlachten bitte ich um weitere Opfer, Gefangene und Generäle einschließlich. Sobald ich augenblicklich pfeife, legen sich alle, die an einem ungeraden Tag Geburtstag haben, auf den Boden, weil die Doppelschlacht von Jena und Auerstädt verlorengeht."

Die halbe Schülermannschaft schied auf diese Weise aus der Geschichte aus. Der Kampf um Ostpreußen aber ging weiter.

„Das zweite Schuljahr verteidigt den Kastanienbaum und greift unter Scharnhorst die Franzosen bei Schippenbeil an. Die verbündeten Russen flankieren im Süden von der Hofeinfahrt her. Zwei Schüler aus dem sechsten Schuljahr nehmen den Handwagen mit dem Ziegengespann und fahren mit Munition hinterher."

Auf dieses Zeichen hatte das vierte Schuljahr gewartet. Der Anführer zog sein durchlöchertes Hemd aus, schwenkte den Kodder über seinem Kopf und rief die Schlacht bei Preußisch Eylau aus. Nach dem Siegesgeschrei machte das erste Schuljahr kehrt und packte seine Schulsachen zusammen, um nach Hause zu gehen. Zar Alexander hatte gegen die Franzosen verloren und ließ seine preußischen Bundesgenossen im Stich. Die Niederlage war nicht mehr aufzuhalten.

Als Ort für den berühmten Frieden von Tilsit hatte unser Pädagoge den Hühnerstall bestimmt. Der königliche Hof zog sich nach Memel zurück, markiert durch die Scheune. Wieder einmal ging es um Kopf und Kragen in der Geschichte, Rettung konnte nur eine makellose Königin Luise bringen.

„Hat heute jemand die Zähne geputzt, Haare frisch gewaschen und Zöpfe neu geflochten?"

Wahrhaftig meldeten sich mehrere barfüßige Marjellchen, pausbackig, blitzenden Auges. Die Wahl fiel auf Grete.

„Schatull Grete, du wirst hinter den Johannisbeerbüschen den Eroberern Widerstand leisten, deine und Preußens Ehre retten." Kichernd verschwand die Marjell. Das Lehrerchen verkündete:

„Die Historie treibt nunmehr ihrem dramatischen Höhepunkt zu. Die Schüler verteilen sich auf dem Hof nach Plan, sämtlich. Ein Teil wird als Hilfskorps für die französische Armee abkommandiert. Der Rest schließt sich zur Landwehr zusammen und folgt nach der Konvention von Tauroggen 1812 York, der den Befreiungskampf anführen wird, heute in der Person von dem Jungchen Baldschun mit den großen Ohren und Sommersprossen."

Vielen Schüler begann, die Mittagszeit rückte näher, der Magen zu knurren. Sputig rüsteten sie zur entscheidenden Völkerschlacht bei Leipzig, um zu ihren Schmandkartoffeln oder Kartoffelflinsen zu kommen. Wassereimer wurden bereitgestellt, Burreschoapskes, das sind Tannenzapfen, zu Wurfzwecken aufgehäuft. Der Lehrer eilte von einer Partei zur anderen, ermahnte, tugendhaft die Schlachtordnung einzuhalten und tapfer für das Vaterland zu sterben. Wo hielt sich bloß Napoleon auf?

Die Schüler drucksten herum und kicherten. Errötend deuteten sie mit verlegenen Gesten in Richtung Garten hinter dem Rosenkohl. Ein Erstkläßler hatte auf einem Kastanienbaum Posten als Kundschafter bezogen, rief entsetzt von oben herab:

„Soeben hat, Donnerschlag, Königin Luise Napoleon hinter den Johannisbeeren geküßt."

„Unmöglich", rief der Schulmeister erbost, „es wird, sage ich, durch Knutschen und Butschen die Geschichte verfälscht. Darum sehe ich mich genötigt, Napoleon Bonaparte einen Mutzkopp zu geben, sofort, weiteres Unheil in jeder Beziehung zu vermeiden."

Die verbliebenen Schulkinderchen schickte er erst einmal nach Hause, solange er nicht wußte, ob sie mehr an der Geschichte oder am lebendigen Beispiel Schaden nehmen möchten.

Ein Modell im Dorf

Weltvergessen lag das Dörfchen Laukischken, notdürftig durch einen schmalen Sandweg, zu beiden Seiten von breitausladenden Linden und Kastanien gesäumt, mit dem Rest der Menschheit verbunden. Im Sommer flimmerte die Luft heiß über dem Staub, im Winter stiemten Schneewehen die Fahrspuren einfach zu. Gelegentlich hinterließ ein schnürender Fuchs seine Fährte, vorüberhoppelnde Feldhasen waren ohne weiteres ein, wie man sagt, Ereignis.

Im Dorfkrug gab es wenig Gesprächsstoff. Die Leute plachanderten über das Wetter, bei wem die nächste Sau zum Ferkeln anstand, daß eine aufgeschreckte Kreuzotter zugebissen hat. Am liebsten schwiegen sie, starrten in die Gläser, grübelten jeder für sich so und wieder so. Die Laukischker schätzten es nicht, im Leben alles zu zerreden, es kommt sowieso alles, wie es kommen muß.

Wie ein Blitz aus heiterem Himmel traf sie daher die Veränderung, das war: ein fremder Dogcart, Jagdwagen mit Coupé, der an jedem Freitag pünktlich zu Cafézeit vor dem Krug hielt, ausspie ein unbekanntes Madamchen auf hohen Stöckelabsätzen. Trug feinste Kleider mit Tüll und Spitzen darunter, so verbreiteten erste Gerüchte, auf dem gefärbten Wellhaar einen Hut mit Feder und duftete, die Person, partout nach Paris oder Königsberg oder wenigstens nach der Drogerie Matzat in der Kreisstadt.

Die Weibsperson trippelte dem Bauern Kankeleit über den Weg, stieß am Dorfbrunnen beinahe mit der Kuh zusammen, die dringend zum Bullen mußte. Das feine Madamche hielt sich sputig ein Taschentuch vor die gepuderte Nase, die Kuh kleckerte zur Begrüßung einen Fladen genau vor ihre Füße, erkundigte sich hüstelnd nach Matull, dem Dorfgendarmen bei Kankeleit. „Ausgerechnet. Warum", dachte der Bauer ingrimmig, „gerade zu dem?"

Leicht pikiert, mit stummer Geste, wies er den Weg zum abseits gelegenen Haus hinter dem Poggenteich, beeilte sich, mit der Kuh zum Bullen zu kommen und anschließend, außer Puste, in den Krug. Dort platzte er gleich

82

nach drei Schnäpsen, im Stehen hinuntergeschüttet, mit der Neuigkeit heraus. Die Neuigkeit: „Eine ‚Sie' in Laukischken!"

Der Schäfer roch als erster, keine Frage, eine Sensation. Der Schmied mahnte zu äußerster Ruhe und Verschwiegenheit, die eigenen Frauen nicht in Unruhe zu versetzen und aufzuschichern. Vereint ging die Meute auf den Bauern Kankeleit los:

„Was hast du gesehen, sprich?"

Kankeleit versuchte die Gemüter zu beruhigen, wiegelte ab, sprach weitschweifig von der Ernte, daß der Kartoffelkäfer drohend bis Insterburg vorgedrungen sei, die neuen Salzheringe besser als im letzten Jahr schmeckten. Sein Ablenkungsmanöver machte die Mannchens zunehmend jachriger, da verlegte er sich auf die Beschreibung einer Stute, davon verstand jeder etwas.

„Nach dem ersten Augenschein handelt es sich um eine krutzige Statur mit krummen Beinen und dicken Fesseln. Der Hals scheint zu kurz geraten, die Haare reichen kaum für einen geflochtenen Zopf."

Fuchtig fuhr der Holzknecht Bomskeil in die Höhe, schlug mit der kräftigen Faust auf den Biertisch.

„Deibel nochmal, du willst uns dammlig reden, das kenne ich vom Pferdehandel. Man macht den Kunter schlecht, bis man ihn zum halben Preis bekommt. In diesem Falle zieht das Manöver, verspreche ich, nicht. Dir gefallen die Proportionen, du möchtest alleine leckern, naschen. Warum sonst hast du dir eine blühende Heckenrose in das Knopfloch gesteckt, vermutlich nicht für den Bullen, spreche ich richtig?"

Zuerst erkuberte sich der Krugwirt, trat vor, sprach mutig:

„Ich will das Geheimnis lüften, auf euere Verantwortung, unser Pastorchen möchte mir verzeihen, die Sensation hat einen Namen, heißt: Lina Broßkat." Er warf vielsagende Blicke in die Runde, schnalzte mit der Zunge, nu erst fiel auf, daß er sich neuerdings Pomade ins Haar schmierte und einen Scheitel zog.

„Wer ist, bitte schön, Lina Broßkat?" riefen die Stimmen durcheinander. Der Krugwirt plusterte sich wie ein Gockel auf.

„Die Rede ist, ohne Zweifel, von dem Madamchen aus der Stadt. Unsereiner hat mit ihr vertraulich, ich bitte es niemand weiterzusagen, Konversation gepflogen."

Konversation! Das Wort allein genügte, Phantasie zu entzünden. Mit amourösen Abenteuern ist es wie mit dem Essen. Alltägliche Speisen regen niemand auf, Bratklopse, Schmandheringe, Heilsberger Keilchen sind gewohnt, Lungenhaschee oder gebratene Grützwurst bieten eine willkommene Abwechslung. Aber wer macht mit seinem Frauchen in der Ehe schon Konversation? „Kümmel und Majoran", der übers Land ziehende Scherenschleifer, zufällig im Krug anwesend, pfiff anerkennend durch eine Zahnlücke.

„Seit wann geniert man sich? Ich für meinen Teil gönne dem Gendarmen das Vergnügen."

„Ein Beamter, Junggeselle zwar, ausgeruht, immerhin verantwortlich für Ruhe und Ordnung in Laukischken, als öffentliches Ärgernis!" Parteien bildeten sich, Meinungen gingen hin und her.

„Der Skandal muß verhindert werden."

„Bringt ihn hinter Schloß und Riegel, sperrt ihn ins Spritzenhaus, bis keine Gefahr mehr von ihm ausgeht und unsere Frauchen sich beruhigen."

„Das Haus des Polizisten ist ein Sündenpfuhl hinter dem Poggenteich."

Beweise mußten her, soviel wurde klar, mit äußerster Diplomatie herbeigeschafft, einerseits der allgemeinen Entrüstung voll beizupflichten, andererseits sich die Freude an den abenteuerlichen Vorgängen nicht entgehen zu lassen.

Die Männer rückten im Krug zusammen, tuschelten, stupsten sich vielsagend in die Seite, faßten endlich einen Entschluß, einstimmig. Am besten wird sein, die Vorgänge sorgfältig zu beobachten, unter Kontrolle zu halten. Sputig wurde die Reihenfolge ausgelost, damit jeder, Gerechtigkeit muß sein, mit persönlicher Augenscheinnahme zum Zuge kam. Später könnte man den sittlich entgleisten Hüter des Gesetzes immer noch zur Rechenschaft ziehen, unnachsichtig.

Die Beobachtungsposten wurden eingeteilt, der erste Zeitabschnitt auf zwei Wochen festgesetzt, keine Sekunde mehr wurde das Haus des Gendarmen hinter dem Poggenteich nach Ankunft des Madamchens aus den Augen gelassen. Zur Schummerstunde verabredeten sich die Mannchens heimlich, wozu wohl, die Berichte anzuhören und auszutauschen. Nach und nach schlichen die Beobachter in den Krug, nahmen ein Schlubberchen Meschkinnes, warteten, bis alle zusammen waren, wischten sich den Mund mit dem Ärmel ab, schworen feierlich, sich auf nackte Tatsache zu beschränken, ausschließlich. Sie konnten kaum abwarten zu erfahren, was sich unter den Augen des Gesetzes, sagen wir so, abgespielt hat. Nach einem Weilchen, das Schweigen hatte einen knisternden Höhepunkt erreicht, sprach der etwas spillrige Melker bedächtig:

„Wir hatten den Auftrag, wie man sich erinnern wird, dem Madamchen vom Krug bis an das Haus unseres Gendarmen zu folgen. So ist es geschehen, ohne weitere Fisimatenten, nach bestem Gewissen."

„Erzähl' endlich weiter", bedrängten sie ihn aufgeregt von allen Seiten, „was passierte, ohne Umschweife."

„Meinetwegen. Auf euere Verantwortung. Wir bezogen Posten vor einem Fensterchen mit guter Einsicht, von einer Ligusterhecke geschützt. Noch besser konnten wir von einem Kirschbaum beobachten, auf den wir kletterten. Nu sahen wir das inwendige Panorama, vollständig."

„Erbarmung, komm' endlich zur Sache!"

„Ruhig Blut, alles im Leben braucht seine Zeit."

Der Krugwirt platzte vor Ungeduld, ging auf's Ganze.

„Zog man sich aus? Wann erfahren wir die Wahrheit?"

„Beim Bart des Kaisers Wilhelm, zuerst wurde ausgiebig Kaffee getrunken, dazu wurden Marzipanstückchen genascht und gegniddert."

„Und dann?"

„Legte das Madamche ihre Kostümjacke ab."

„Und dann?"

„Wurde es duster."

„Das Licht wurde ausgemacht?"

„Die Jacke hing vor unserem Fenster. Uns blieben nur Ritzen und Astlöcher zur weiteren Beobachtung."

„Immerhin."

„Immerhin entdeckten wir tatsächlich einen nackichten Arm, zur Hälfte jedenfalls."

„Bravo", riefen die Männer, inzwischen ziemlich angeheitert, „endlich nimmt der Skandal von Laukischken seinen Lauf wie erwartet." Der Fuhrknecht schnalzte mit der Zunge, rief „Vorwärts, hü", als wollte er einen Vierspänner antreiben, „hat man Näheres erblickt, sagen wir, von der Figur?"

„Durchaus, Einzelheiten in Fülle, Arme, Beine, Hals."

„Dreibastigkeiten. Am hellichten Tag, während der Dienstzeit!"

Die Phantasie der Männer begann heftig zu arbeiten. Einige atmeten schwer, andere zappelten wie Fische an der Angel aufgeregt.

Der Scherenschleifer allein behielt kühlen Kopf, verlangte Bericht bis zum Ende. Spannungsgeladene Stille trat ein.

Der Sprecher legte bewußt eine Pause ein, ließ seine Worte langsam aus dem Munde tropfen, wie Honig auf der Zunge vergehen. Schwer seufzte er, die Erinnerung nahm ihn sichtlich mit:

„Ach Gottchen ja, vom Sofa konnten wir, wenigstens, eine Ecke sehen."

„Na und?"

„Nuscht und. Alles Haut."

„So ein dreistes Luder", flüsterte einer heiser, „unser Jungchen von Gendarm einfach zu verführen."

„Wie kommst du darauf?"

„Du hast selbst gesagt . . ."

Der Melker blickte verwundert in die Runde.

„Habe ich vergessen zu erwähnen . . .?"

„Was?"

„Daß der Gendarm nackicht war, der Hüter des Gesetzes."

Den Männern blieb der Mund offen stehen.

„Und was machte das Madamche?"

„Es fing an zu malen, der Gendarm war ihr Modell. Weiter passierte rein nuscht nich, Erbarmung."

Frische Pregel-Forellen

Drei kleine Mädchen spielten auf der Blumenwiese, sammelten Butterblumen, die sie zu Kränzen zusammenbanden und sich liebevoll auf die Köpfe legten. Die mit hohem Gras bewachsene Wiese endete an einer Seite am Pregelfluß, an dessen Ufer, unter einer knorrigen, alten Weide, sie den fremden Mann sitzen sahen, mit silbergrauem Haar, in Cordhosen, Gummistiefeln, einen Anorak und Korb mit Vesper neben sich.

„Guten Tag, Väterchen."

„Ich könnte euer Großvater sein. Mein Name ist Wegener."

Ängstlich zögernd, neugierig kamen die Mädchen näher, musterten das ihnen unbekannte, kostbare Handgepäck, bestaunten Duft und Farben der ungewohnten, modischen Männerbekleidung und Gerätschaften zum Fischen. Der Fremde nickte freundlich, lud sie ein, näher zu kommen, sich zu ihm zu setzen.

„Seid ihr von hier? Wohnt ihr in der Nähe?"

Das größte Mädchen, mit lebhaften Bewegungen und aufgeweckten Augen, antwortete zuerst, in einwandfreiem Deutsch.

„Unsere Eltern leben in der Nähe auf einer Kolchose, sie arbeiten in der Landwirtschaft."

„Wo habt ihr die Sprache gelernt?"

Die Mädchen gnidderten, kicherten.

„Unsere Babuschka hat gesagt, daß früher alle richtig Deutsch konnten, als unsere Vorfahren noch an der Wolga lebten. Im Krieg wurden sie nach Sibirien und Kasachstan deportiert, jetzt sind sie hier. Deutsch sprechen lernen wir in der Schule. Können Sie Russisch?"

„Nein", murmelte Herr Wegener, „leider nicht, manchmal, denke ich, wäre es ganz gut. Ich bin in der Gegend als Kind aufgewachsen, das ist sehr lange her."

„Was tun Sie jetzt?"

„Ich angle im Pregel, wie ihr sehen könnt. Über 45 Jahre habe ich darauf gewartet, an seinem Ufer sitzen zu können, nichts weiter zu tun als zu angeln. Ob ihr das verstehen könnt?"

„Unser Papa sagt, es lohnt sich nicht. Das Wasser ist schmutzig, trübe, sagt man so? Im Pregel gibt es nur wenige Fische, und die sind klein und schmecken schlecht. Am besten, man fängt damit erst gar nicht an."

Herr Wegener nickte nachdenklich, stopfte sich seine Tabakpfeife, starrte auf das braune dahinziehende Flußwasser, auf dem der Schwimmer seiner Angel sanft schaukelte. Leise murmelte er vor sich hin, grübelnd, weniger zu den Kindern sprechend:

„Wahrscheinlich ist das der entscheidende Fehler im Leben, gar nicht erst anzufangen. Als ich so alt war, flüchtete meine Familie vom Kurischen Haff an die Nordseeküste in der Gegend von Cuxhaven. Geangelt habe ich dort an Hafenmauern, am Strand, zuerst mit einer Angel, später, damit es sich rentierte, mit drei Angeln gleichzeitig. So bin ich auf den Geschmack und kaufmännisches Denken gekommen. Nebenher habe ich hart gearbeitet, bis ich mir einen kleinen Fischkutter leisten konnte. Die Krabbenfischerei in Küstennähe war nicht leicht, ernährte aber ihren Mann. Was übrigblieb, legte ich zurück. Nach Jahren konnte ich mir einen hochseetüchtigen Trawler, auf Kredit, leisten. Danach ging es mit dem Fischfang tüchtig aufwärts, bald hatte ich eine kleine Flotte beisammen. Wohin aber mit den vielen Fischen? Sie wollten vermarktet werden. Ich beteiligte mich an Fischverarbeitungsfabriken und gründete Verkaufsfilialen in der Bundesrepublik. Mit der Gründung der EG kamen Niederlassungen im Ausland dazu, Lachszuchtunternehmen in Norwegen und Schottland. Nach Gründung einer Aktiengesellschaft kreuzten meine Fangschiffe auf allen Weltmeeren. Der zweite Herzinfarkt veranlaßte mich, alle Anteile zu verkaufen, sämtlich. Nun sitze ich hier."

„Woran denken Sie, Herr Wegener?"

„Ach Gottchen, nur so, wer weiß, wozu alles gut ist."

„Gab es früher in Ostpreußen Fische?"

„Das kann man wohl sagen." Herr Wegener erinnerte sich schmunzelnd.

„Allein wegen der vielen Seen in Masuren, dank Frischem Haff und Kurischem Haff, der langen Ostseeküste gehörten Fische, unbedingt, zum täglichen Leben. Fischrezepte gab es in Hülle und Fülle, beispielsweise für Butterfische, gebratenen Dorsch, Zander, Aal in Dill, gefüllten Hecht, Schleie, Karpfen, Bressen, Ostseelachs und sogar gebratene Stinte. Unentbehrliche Spezialitäten waren Heringe in Schmand sowie geräucherte Flunder, frisch aus der Räucherei am Kurischen Haff." Er lachte laut.

„Warum lachen Sie?"

„Ich muß an die berühmten Königsberger Fischfrauen denken, manche Leute kamen nur zum Markt, um sie aus Leibeskräften schimpfen zu hören. Einiges habe ich mir gemerkt, ich kann es auswendig aufsagen. Das hörte sich ungefähr so an: Eine Kundin erkundigte sich bei einer Königsberger Fischfrau auf dem unteren Fischmarkt am Pregel zwischen der Kramer- und der Schmiedebrücke, ob die Fische frisch seien. Darauf bekam sie zu hören: ‚Watt? Womeeglich segge Se noch, se stinke? Se ohle dreidammlige Zäg, Se blubacksche Schlorr, moake Se bloß foats, daß Se wechkomme, sonst war ök noch groff!' Und meistens wurden sie wirklich von Herzen grob, schimpften lauthals ‚Du Glumsschädel, du Schmandfatzke! Ich war dir die Flausen mit dem Kodder austreiben, du alter Bärenschieter. Dich Heringsbändiger haben se wohl aus dem Poggenteich gezogen. Glubsch man nich so, go tu Hus und wasch dir man die Feet, du Bowke, dammlicher.' Frische Fische wurden natürlich erst recht gerne gekauft."

„Warum gibt es bei uns heute so wenig Fische zu kaufen?"

„Wie soll ich das erklären? Das hängt mit dem alten System zusammen, mit der Planwirtschaft, wahrscheinlich mit der Einstellung zu Leistung und Erwerbssinn."

„Müssen wir alle Kapitalisten werden?"

„Zumindest müßte wohl die freie Marktwirtschaft eingeführt werden, womöglich im Rahmen einer Freihandelszone JANTAR, wie sie auch heißt."

„Wie würden Sie das machen?"

Der alte Unternehmer straffte sich, machte eine weit ausholende Handbewegung.

„Tatsächlich überlege ich mir ernsthaft, rechts und links des Pregels Klärwerke zu bauen, damit die braune Brühe verschwindet und das Wasser wieder klar und sauber wird, ich spreche von Trinkwasserqualität. Ausgesetzte Jungfische werden sich darin tummeln und Poggen munter quaken. Danach ist an die Gründung privater Fischzuchten zu denken, mit Aalen, Lachsen, warum nicht Forellen? Am Kurischen Haff werde ich neue Fischräuchereien für Schollen bauen, Flundern in alle Welt exportieren. Selbstverständlich müssen die vorhandenen Fischverarbeitungsbetriebe und Hafenanlagen in Königsberg, Kaliningrad, ausgebaut und modernisiert werden, damit größte Kühlschiffe ihre Fänge anlanden können. Die ganze baltische Ostseeküste wird einzubeziehen sein, am besten durch Gründung einer Aktiengesellschaft, die das benötigte Kapital heranschafft, Fischindustrie und Fischhandel zur großen Blüte zu entwickeln. Ja, so werde ich es anpacken."

Die kleinen Mädchen erkundigten sich zaghaft:

„Sie wollen es wirklich selber tun?"

„Irgendwer muß den Anfang machen. Ich werde die Ärmel hochkrempeln."

„Und Ihre Gesundheit?"

„Leistung, Erfolg und Wohlstand haben ihren Preis. Und dann kann ich rechtzeitig aufhören und alles verkaufen."

„Und danach?"

„Dann werde ich mir endlich meinen Lebenstraum erfüllen, sinnvoll leben, im Alter, frei von Sorgen und Streß, mich an das Ufer, hier an den Pregel setzen und angeln. Zum Vergnügen. Egal, ob ein Fisch anbeißt."

Die drei Mädchen banden ihre Butterblumen zu einem Strauß, schenkten ihn Herrn Wegener, sahen den in ihren Augen alten Mann verwundert an: „Das können Sie doch schon jetzt, oder?"

Matrose Kiewig auf Heimaturlaub

Viele Menschen in Ostpreußen haben ihr Land niemals verlassen, keinen Fuß freiwillig außerhalb seiner Grenzen gesetzt. Ihr bedeutendster Repräsentant war der Philosoph Immanuel Kant, er befand, daß es, um die Welt und Menschen besser zu verstehen, vollauf genüge, sein Leben in Königsberg zu verbringen, ausschließlich. Anders der 1821 in Neidenburg geborene Kulturhistoriker Ferdinand Gregorovius, er fand in Italien seine zweite Heimat, wo er als Verfasser der Geschichte Roms berühmt wurde. Einen Mittelweg wählte Thomas Mann, der entschied sich für ein Sommerhaus in Nidden auf der Kurischen Nehrung, nach 40 Jahren wieder zu besichtigen.

Niemals wäre es dem sommersprossigen Lorbaß Kiewig eingefallen, sich mit solchen Größen in Zusammenhang zu bringen, die ganze Wahrheit zu sagen, er kannte sie kaum mit Namen. Woher auch, seine Karriere hatte er mit Schulschwänzen begonnen, am Dreisatz war er gescheitert: vier Hennen legen an fünf Tagen sechs Eier, wieviel legen zwei Hähne an drei Tagen? oder so ähnlich. Bog meistens auf dem Schulweg zum Poggenteich ab, versteckte sich im Schilf, starrte bewegungslos in das von hellgrünem Entenflott bedeckte Wasser. Träumte davon, frühreif auf jeden Fall, mit einem weißen Dampfer die Weltmeere zu durchpflügen, von der Kommandobrücke auf Schaumkronen reitenden Meerjungfrauen zuzuplinkern, abends in Hafenkneipen, ohne weitere Fisimatenten, herumzuknutschen.

Landwirtschaft zu Hause, sie langweilte ihn, vom Dreschen, Rübenziehen wollte er nichts wissen, blieb unauffindbar, das Jungchen, wenn Kühe gehütet werden sollten, er half nicht beim Honigschleudern, Heu wenden, selbst auf einem vierspännigen Fuder mit Getreide oder Stroh obenauf mitzufahren, für andere Gnosen ein Fest, lehnte er ab.

Kiewig wollte, soviel stand für ihn fest, von klein auf Seemann werden. Inbrünstig schnitzte er mit seinem Pog-

92

genritzer kleine Holzschiffchen, setzte sie bei Pladderregen in Pfützen, stieß sie in Wasserrinnen mit dem barften Fuß abwärts. Später bastelte er sich ein Floß aus einem zerlegten Staketenzaun, ruderte womöglich im Schweinetrog in der Pferdeschwemme im Kreis herum. Mehrmals wurde er gesichtet, wie er Flaschenpost in die Pissa warf, hoffend, so ist zu vermuten, sie werde den Pregel abwärtsschwimmen, durch das Frische Haff bei Pillau in die Ostsee und von da, wer weiß, wie alles im Leben kommt, bis nach Hongkong oder Rio. Oft stellte sich das Jungchen vor den Spiegel, übte O-Beine zu machen und den schweren, seemännischen Gang, den er einem Kriegsveteranen aus der Schlacht am Skagerrak abgeguckt hatte.

So. Falls in diesem Falle überhaupt erlaubt ist von einer Schulkarriere zu sprechen, sie kann nicht anders, sagen wir mal, enden. Mit Ablauf der Schulpflicht war der Lorbaß, Erkundigungen beim Bahnvorstand in der Kreisstadt endeten ergebnislos, spurlos verschwunden, er hatte sich auf und davon gemacht. Für die Landwirtschaft blieb seine unterlassene Hilfeleistung, an sein geringes Interesse wird freundlich erinnert, ohne weitere Folgen. Um so mehr heizte sein überraschender und langanhaltender Abgang die Phantasie der Daheimgebliebenen an, was gab es sonst zu bekakeln als eine Kuh, die verkalbt hat, den eiternden Weisheitszahn des Pfarrerchens, ein entwischter Marder im Hühnerstall? Gegrübelt wurde so und wieder so, ob sich das Jungchen in Amerika vom Tellerwäscher zum Millionär hochgearbeitet haben möchte? Könnte sein, daß ihn wilde Seeräuber aufgefischt hatten und gefangen hielten, wenn ihn man nicht vorher die Haifische gefressen haben? Wer sich in Gefahr begibt, kommt darin um, was hat ein ostpreußisches Jungchen vom Land auch auf dem gefährlichen Meer zu suchen?

Jahre vergingen ohne Nachricht, nach dem Zug der Zugvögel gerechnet dürften es mindestens fünf gewesen sein, die alte Kartenlegerin war gestorben, die Marjell vom Weberhof hatte Drillinge bekommen, kam die, selten ist der Mensch darauf vorbereitet, Überraschung. Die Überraschung: das war der Landbriefträger, er stellte seine schwere Rindsledertasche ab, atmete tief durch, sagte nicht Nein zum dritten Schnaps. Kein Zweifel, entweder litt er unter Grippe oder Durst, zumeist fiel beides zusammen, wie der Zufall es will, auf jeden Fall hatte er eine Neuigkeit. Amtlich konnte er von ihr nichts wissen, preußischen Beamten war streng verboten, fremde Post zu lesen, er hielt sich strikt daran, nur, was will man machen, wenn eine himmelblaue Postkarte mit Möwe und exotischer Briefmarke den Blick unwiderstehlich anzieht? Die Nachricht nahm ihren unaufhaltsamen Lauf, hüpfte von Gehöft zu Gehöft, drang in die letzte Kammer ein, tauchte in Kuhställen und Schweinebuchten auf, unter dem Siegel der Verschwiegenheit, daß mit dem unverhofften Besuch des Matrosen Kiewig in Willpischen zu rechnen sei, in Kürze.

Damit, Herrschaften, nimmt die Geschichte ihren fröhlichen Verlauf. Kündigt sich Besuch an, legt es sich nahe zu beginnen mit den, womit wohl, Vorbereitungen. Geschrubbt und gebadet wurde überall in Willpischen, die Marjellchen bekamen rötere Wangen als gewöhnlich, flochten ihre Zöpfe neu, probierten engere Blusen. Manches Großchen rührte Teig für Raderkuchen an, stellte Gläser mit Gänseschmalz, Marmelade in Bereitschaft, türmte Berge von Bratklopsen auf. Die Mannchens im reiferen Alter steckten abends am Stammtisch im Krug ihre Köpfe zusammen. Wenn einer eine Reise macht, kann er viel erzählen. Was wohl der Matrose Kiewig von der Welt gesehen, vor allem, was er erlebt haben möchte? Sie beschlossen, nach stillschweigender Übereinkunft, ihn auszuhorchen, gründlich.

Der Einzug des Matrosen Kiewig in Willpischen geriet, dafür gibt es keine andere Bezeichnung, triumphal. Im vierspännigen Pferdewagen, geschmückt mit Birkenzweigen und Blumenkränzen, wurde er vom Bahnhof abgeholt, an der Dorfgrenze liefen Kinderchen, Gänse, laut kläffende Hunde zur Begrüßung zusammen, begleiteten den Zug bis zum Dorfbrunnen. Dort hatte sich ein Abgesandter des Bürgermeisters eingefunden, bestieg, wie nach ihm der

Förster und der vorjährige Schützenkönig, einen großen
Stein, hielt von oben eine Ansprache, zu der er sich von einer Bibelgeschichte, die Heimkehr des verlorenen Sohnes,
hatte inspirieren lassen. Einige Muttchen, soweit anwesend, plinsten Tränen vor Rührung. Eine Abordnung der
Mannchens indessen sputete sich ungeduldig, den Heim-
kehrer in den Krug zu zergen, wo die Männer am Stammtisch gieprig warteten, Neuigkeiten aus der Welt zu erfahren zum eigenen, warum nicht, Nutzen. Matrosen haben
immer Durst, bis er gestillt ist, wird höflich gebeten um etwas Geduld. Allmählich erkuberte sich der Matrose Kiewig von der Anstrengung der Reise, seine roten Haare und
dittchengroßen Sommersprossen leuchteten noch dreiba-
stiger als früher. Der Fischer, kaum konnte er es erwarten,
rutschte auf dem Stuhl hin und her, entschloß sich, auf den
Kern der Sache zu sprechen zu kommen, ohne weitere
Umschweife.

„Du hast, August Kiewig, bestimmt viele Häfen in der
Welt gesehen, Länder, Leute und Hafenkneipen kennengelernt. Von der Liebe der Matrosen wird viel erzählt,
kannst du uns darüber Näheres berichten, wie man Frau-
en, das Problemchen beschäftigt uns alle, imponieren
kann?"

„Ich kann, ohne weiteres, auch das."

„Den Italienern werden beispielsweise besondere Talente nachgesagt, wie stellen sie es an, Erfolg zu haben,
Jungchen, sprich."

Der Bauer Labommel dachte inwendig an sein Frauchen, das abends nach schwerer Feldarbeit oder am Wasch-
tag wortlos in tiefen Schlaf zu sinken pflegte. Der Melker
Willuweit schüttelte sich bei der Vorstellung, daß abends
bei Petroleumfunzeln, die schlafenden Gnosen nebenan
im Bett, Stimmung aufkommen könnte. Keine Frage, mehr
Phantasie konnte zur Belebung des Nachtlebens in Willpischen nicht, wie leicht zu denken ist, schaden.

Die Mannchens versprachen ehrenwörtlich, von dem
Gehörten nichts weiterzusagen. Der Matrose Kiewig zeigte sich weder verschlossen noch prüde, keineswegs, erfreut

nahm er das Wort, wies mit dem Zeigefinger auf die Fässer mit Ponarther Bier in der Ecke:

„In dieser Richtung müßt ihr euch den heißen Süden vorstellen. Ich nenne bloß Italien, Neapel, Genua, Capri, wenn ihr wißt, was ich meine."

„Nicht unbedingt", murmelte der Schuster, „erst kommt Pillkallen, südlicher endet die Welt hinter Allenstein." Schweißperlen standen auf seiner Stirn; er nahm einen kräftigen Schluck Bier, zermarterte sich den Deetz, es strengte ihn an, die Neuigkeiten zu verdauen. Der Matrose plusterte sich auf, prahlte lauthals:

„Zur richtigen Liebe, versteht sich, benötigt der Mensch einen blauen Himmel, das Meer, buntbemalte Boote, schaukelnde Lampions, Hafenmusik auf einer Seepromenade."

„Besseres fällt dir nicht ein, Matrose Kiewig?"

„Ich muß höflich bitten um, sage ich, Geduld. Zärtlichkeit, womöglich Leidenschaft kommt in Italien unter Palmen auf, in verträumten Weinlokalen, in denen schwarzhaarige Sänger von ‚Amore' singen, Pärchen sich eng aneinandergeschmiegt im Tanze wiegen."

„Deibel nochmal", entfuhr es dem Waldarbeiter Plikat, „hört sich nicht übel an. Wie geht es weiter, bitte schön?"

Matrose Kiewig geriet zusehends in Fahrt, sprang auf einen Stuhl:

„Zuerst wird den Anwesenden im Krug eine Runde Koks spendiert, von mir." Genießerisch benetzte er seine Lippen, fortfahrend:

„Das alles ist nuscht im Vergleich mit der Liebeskunst der Franzosen, meisterhaft, verspreche ich, wie sie Marjellchen und Frauchen erfreuen."

„Laß' hören, Jungchen, sofort." Im Krug wurde es mucksmäuschenstill, man hätte können eine Stecknadel auf den Boden fallen hören, allein das Zirpen von Grillen drang durch die offenen Fenster.

„In Frankreich, wählt jede beliebige Hafenstadt oder Paris, beginnt alles mit erlesenem Essen, wie könnte es anders sein, feinste Filets, Salate, Fische, Muscheln gehören dazu."

„Belästige uns nicht weiter mit Kochrezepten", drängte ein Gnuspel von Mensch, „mir wird ganz dammlig."

„Hat man fein gespeist, wird ein Nachtvarieté, eine Bar, aufgesucht. Hat einer in Willpischen, frage ich, jemals einen rasanten Striptease gesehen? Da fliegen die Fetzen, Dessous, von wegen Koddern, dem Publikum zur reinen Augenweide nur so um die Ohren."

Der Waldarbeiter Plikat, man erinnert sich an ihn, rutschte auf seinem Stuhl hin und her, ballte die kräftigen Fäuste.

„Komm' endlich zur Sache, Jungchen, sonst setzt es eine Tracht Prügel."

„Ei nei, so sputig geht es nich in Liebesangelegenheiten, wenn es funktionieren soll. Spät in der Nacht begibt man sich nach Hause, zieht die Vorhänge in einem Bodoire zu, tauscht die hellere Beleuchtung gegen schummriges Licht, gut ist eine rote Lampe."

„Dunnerlittchen", der Instmann Perkall schnalzte anerkennend, „stimmt es, daß in Frankreich Paare in einem einzigen Bett schlafen? Was ist, wenn ein Partner Rheumatismus hat, sich im Schlaf oft dreht bei Keuchhusten?"

Der Matrose, unbeirrt, senkte seine Stimme, flüsterte heiser:

„Etwas Konfekt, Kognak schaden zu diesem Zeitpunkt auf keinen Fall."

„Komm' endlich, Jungchen, zum, Erbarmung, Höhepunkt", entfuhr es dem Krugwirt, seine feuchtgewordenen Hände wischte er an seiner Schürze ab. Matrose Kiewig hob kennerhaft seine Augenbrauen in die Höhe, ließ seine Worte in die erwartungsvolle, schwüle Stille tropfen:

„Nicht zu vergessen ein paar Gläser Sekt, die Wirkung läßt sich kaum beschreiben, am besten garantiert den Erfolg, versteht sich, edler Champagner."

„Schabernack, fremdländischer!" Dem Briefträger platzte der Kragen, fuchtig sprang er auf, packte den Matrosen am Schlafittchen, schüttelte ihn: „Klappt das auch, sprich Jungchen, mit Königsberger Fleck, einem Schlubberchen Meschkinnes beim Schein von Stallaternen?"

Masurische Nacht

Um das Jahr 880 segelte der angelsächsische Seefahrer Wulfstan von Haithabu zum pruzzischen Handelsplatz Truso am Frischen Haff, nach seiner Rückkehr berichtete er dem König von der Vorliebe der ‚Aestier‘, der ‚Ostleute‘, für ausgedehnte Gelage, ein Brauch, der sich gehalten hat, ein Fest unter drei Tage verdiente diesen Namen bis in die Gegenwart nicht.

Der dritte Tag konnte zum, sozusagen, Problemchen werden. Nach ausgiebigem Essen und nicht enden wollenden Prösterchen entwickelte sich ein unbändiger Drang nach einem deftigen Abenteuer. Leute aus der Stadt unterscheiden sich darin wenig von der Landbevölkerung, allenfalls benutzen sie etwas krumme Wege, den guten Schein zu wahren. Ob Herrchen oder Madamchen, darunter bleibt jeder, sagen wir mal, Mensch. Niemand sollte daher die Nase rümpfen, was nu passiert, kann jedem zustoßen, ohne weiteres.

Die feine Königsberger Gesellschaft vom Ruder- und Segelclub e.V. hatte sich für ein langes Wochenende am Ufer des Spirdingsees in kleinen Ferienhäusern und Fischerhütten eingemietet, sie feierte den traditionellen Maskenball, ihr Kostümfest am See.

Auf dem Bootssteg ließen zwei kostümierte Figuren ihre Beine zur Abkühlung vom vielen Tanzen ins Wasser baumeln, Lord Nelson alias Sigismund Sawitzki, im Zivilberuf Advokat, sowie ein wild aussehender Wassermann mit schulterlangen Haarsträhnen, in der Hand eine Gabelforke, in Wirklichkeit niemand anderes als Purzelchen, so wurde er gerufen, seines Zeichens Oberstudienrat für Alte Sprachen am Gymnasium. Beide, ziemlich dun im Deetz, waren seit langem befreundet und mit ihren Frauchen zum masurischen Seefest angereist. Sawitzki nahm einen großen Schluck Schnaps aus seiner Reserveflasche zur Aufmunterung, seufzte und grübelte laut: „Hör zu, Jungchen, ein mir unbekannter Gast, als Piratenkapitän verkleidet, hat mir eine tolle Geschichte erzählt. Er will es ohne Komplikationen geschafft haben, mit der Frau seines besten Freundes zu schlafen."

Purzelchen, unter seiner Kostümierung deutlich erkennbar, zuckte zusammen.

„Der Mensch wird total betrunken gewesen sein. Schämst du dich nicht?"

Leiser fügte er hinzu: „Wozu soll das gut sein?"

„Stell dich nicht so an. Alle Welt weiß aus Erfahrung, daß ein kleiner Seitensprung langweilige oder zerrüttete Ehen aufmöbelt. Partnertausch wird sogar ärztlich empfohlen, wenn du verstehst, was ich meine?"

„Warum redest du plötzlich von Partnertausch?"

„Entschuldige, ich vergaß zu erwähnen, daß der Pirat nur an die Frau seines Freundes herankam, weil dieser seinerseits mit seiner oder sie ihrerseits mit ihm . . ."

„Ihr wart wohl von zuviel Meschkinnes koppheister? Ich verbiete dir, weiter davon zu reden. Für uns käme sowas niemals in Betracht. Unter keinen Umständen."

„Ganz meine Meinung. Es sei denn . . ."

„Es sei denn?"

„Die Konstellationen sind auf dem Seefest einmalig günstig, meinte der Piratenkapitän, die Freunde müßten bloß Tür an Tür wohnen, über intime Gewohnheiten Bescheid wissen und denselben Friseur haben."

„Klingt beinahe so, als ob er uns gemeint hat."

„Nicht wahr? Mir kam die Idee, nachdem ich in der letzten Nacht ausschließlich mit Maria Theresia getanzt habe . . ."

„Du sprichst von meiner Frau Brigitta!"

„Ich weiß, sie kam mir seltsam verändert vor, irgendwie befreit von einem gesellschaftlichen Druck oder Mangel: bist du sicher, daß sie bei dir in der Ehe nichts entbehrt?"

„Kümmere dich lieber um deine Frau, Sigi, in ihrem hinreißenden Kostüm als Fischersfrau vom Kurischen Haff waren die Mannchens hinter ihr her, sämtlich. Ihre tiefschwarzen Haare, ich kann dir sagen . . ." Verträumt leckte der Wassermann seine Lippen.

„Du bist also einverstanden? Ich könnte schwören, daß

Brigitta mir unter ihrer Maske verheißungsvoll zugeplinkert hat, als wollte sie sagen: ‚Nur Mut, Jungchen! Einmal ist keinmal.‘ Bei Körpersignalen von Frauen kenne ich mich aus, von blonden Frauen verstehe ich etwas."

„Ich bin seit zehn Jahren mit einer verheiratet, vergiß das nicht. Niemals würde sie bei deinem amourösen, was sage ich, unsittlichen Abenteuer mitmachen."

„Unterschätze die Seelen ostpreußischer Marjellchen und Frauen nicht, sie sind so unergründlich tief wie masurische Seen, das Haff und die Ostsee zusammen. Warum sollten sie sich vor Italienerinnen oder Französinnen verstecken müssen? Fällt dir zu Königsberg bei Nacht nichts ein? Außerdem, keine braucht etwas zu bemerken, vorausgesetzt, wir halten uns an mein Programm."

„Welches Programm, bitte schön?"

„Ich habe unser Vorgehen en détail ausgearbeitet. Paß' auf, Jungchen. Heute Nacht wird wieder lange geschwoft und die schönste Seekönigin gewählt. Die Frauchen werden müde sein und bald fest einschlafen. Wir schützen vor, bei Mondschein eine Kahnfahrt auf dem Spirdingsee unternehmen zu wollen, später legen wir uns zu unseren Frauen unbemerkt ins Bett. Hast du mich verstanden?"

„Soviel wäre mir auch alleine eingefallen."

„Punkt drei Uhr stehen wir beide auf, schleichen uns aus den Bootshäuschen durch den Garten; in der Fliederhecke können wir durch ein Loch kriechen, das ich präpariert habe und, Donnerschlag, befinden wir uns an Ort und Stelle, ich bei deiner Blonden, du bei meiner Schwarzen."

„Vergiß' nicht, ich bin preußischer Beamter."

„Nur keine Panik. Es kann nichts passieren, wenn du meine Anweisungen befolgst."

„Welche Anweisungen?"

„Jede Frau hat ihre Eigenheiten, bevorzugt einen persönlichen Stil", er plinkerte mit den Augen und fuhr weltmännisch fort: „Wie es Barbara gerne hat, habe ich nach der Hochzeitsnacht auf einem Zettel notiert. Schreibe du mir auf, sofort, worauf ich bei Brigitta zu achten habe. Dann trennen wir uns, lernen auswendig, wie wir uns zu verhalten haben, damit keines der Frauchen mißtrauisch wird. Vor allem: den Zettel mit den Notizen gut kauen und hinunterschlucken!"

Die Unternehmung, wahrhaftig, starteten beide noch in derselben Nacht. Die beiden Madamchens begaben sich zu Bett, während die Männer ihre nächtliche Bootsfahrt auf dem spiegelglatten Spirdingsee unternahmen. Heimgekehrt, stürzte nach Mitternacht Purzel eine halbe Flasche Meschkinnes in sich hinein, bevor er sich zu seiner Frau legte und auf die andere Seite drehte. Als die Leuchtziffern seiner Armbanduhr drei Stunden nach Mitternacht anzeigten, erhob er sich behutsam, zog Turnschuhe an und schlich im Pyjama ins Freie. Am Durchschlupf der gemeinsamen Hecke, die beide Grundstücke begrenzte, traf er Sigismund, den Finger schweigsam auf den Mund gelegt. Purzel erstarrte zur Salzsäule:

„Mir ist der Zettel mit den Anweisungen abhanden gekommen. Laß' uns umkehren, auf der Stelle."

Der Freund reagierte nicht, machte vielmehr ein V-Siegeszeichen und verschwand sputig in Richtung Maria Theresia.

Er fand Brigitta in tiefem Schlaf vor, ihr blondes Haar schimmerte golden im Mondschein, auf dem halbentblößten Busen spiegelte sich der Glanz des Polarsterns. Sigi zog seine fiebrige Hand zurück, auf dem Spickzettel hatte gestanden, daß das befreundete Ehepaar langsam zu Werke zu gehen pflegte. Brigitta sollte unter keinen Umständen bemerken, daß nicht der Gatte bei ihr schlief, sondern der Freund.

So. Nu hing alles von Sigismund Sawitzki ab. Zunächst wechselte er seinen Pyjama, der von Purzel kniff und zwickte, aber es mußte sein. Er besprühte sich von oben bis unten mit Kölnisch Wasser, rieb sich mit einer Salbe aus Nashornpulver ein, stellte ganz leise Musikuntermalung aus dem Volksempfänger ein. Jetzt brauchte er nur noch die Tür zweimal von innen abzuschließen, Brigitta hatte Angst vor Störungen, und die kalte Tabakpfeife, die ihm Purzel mitgegeben hatte, auf den Nachttisch zu legen. Brigitta liebte nun einmal diesen männlichen Charme an ihrem Gatten. Geräuschlos stieg Sigi in das Bett, schob sich millimeterweise vor, Bein für Bein, horchte, Brigitta atmete weiterhin ruhig, das Gesicht tief in die Kissen gedrückt. Stumm begann er bis Zweitausend zu zählen, so hatte es auf dem Zettel gestanden, genau die Frist, die Brigitta benötigte, weil ihr überfallartige Aktionen zuwider waren. Nach der Zählung von eintausend Schafen schwanden Sigismund Sawitzki die Sinne, die anstrengenden Festtage sowie die pingelige Einhaltung von Purzels Anweisungen hatten ihn wider Erwarten erschöpft und seine Kräfte aufgezehrt.

Am nächsten Morgen saßen Brigitta und Barbara allein im Garten, sie frühstückten vergnügt, erfreuten sich an Vogelgezwitscher und springenden Fischen im Spirdingsee. Die Ehemänner waren noch nicht erschienen, die Frauen waren ungewöhnlich glänzender Laune.

„Hier hast du deine schwarze Perücke zurück, deinen Sigismund kannst du auch aus dem Bett abholen." Barbara lachte fröhlich:

„Die Jungchen sind nicht einmal auf die Idee gekommen, daß wir den Zettel mit den Anweisungen gefunden, Perücken und Betten getauscht haben könnten." Brigitta schnippte mit den Fingern:

„Nie wieder glaube ich einem Mann, der mit seinem Seitensprung prahlt. Unsere Helden haben sich, neben einer vermeintlich anderen, wie zu Hause aufgeführt, das meint: fest geschlafen und laut geschnarcht."

Schönes Dorffest im Krug

Ei nei, ich will gar nuscht gesagt haben, gehen auch keinen was an, meine Vertellkes ins Tagebuch. Alle Jahre nach Kornaust, das Getreide is eingefahren und gedroschen, die Runkelrüben sind eingemietet, die Sau ganz duselig vom Eber zurück im Stall, klatscht mir der Herr Enspekter, Gutsverwalter, auf das Pooche, plinkert mir mit den Augen zu: „Es ist soweit, Lina, nächstes Wochenende kariolen wir alle zusammen zum Dorffest in den Krug." Dann geht er in sein Schlafzimmer und zieht die Spendierhosen an, ach Gottchen, ja.

Herrje, beinahe hätte ich vergessen aufzuzählen, wer alles zu unserer Gesellschaft gehört. Unser Gutshof ist nämlich ziemlich groß mit einem scheckigen Volk von Instleuten, Knechten, Schweizern, Kutschern und so Meine Wenigkeit hilft im Haus und Stall, beim Backen, Dielen schrubben, Glumse machen, Gänsefedern rupfen und Grützwurst machen. Ich verlustiere mich gerne bei allen Arbeiten.

Aussehen muß ich ganz appetitlich, stehe ich beim Heustaken barft, barfuß, auf der Leiter, spaziert garantiert, rein zufällig, der Herr Enspekter in der Nähe und sagt: „Propperes Marjellchen, alle Achtung!" Lungern aber Fremde in der Nähe rum, ruft er laut „Fräulein Lina". Der Herr Enspekter hat Rittmeister bei der Kavallerie gelernt und weiß, was sich schickt. Weihnachten bekommen die braven Marjellchens von ihm ein buntes Kopftuch geschenkt. Abgesehen von unsereiner, kümmert er sich arg um sein Hundchen und die Jagd, dem Hundchen dressiert er, bis ihm die Puste ausgeht.

Zur Schummerstunde, an Winterabenden darf ich dem Herrn Enspekter Rotspon zum Aufwärmen bringen. Manchmal hucken auch der Förster, der Tierarzt und der Herr Pastor vor dem Kamin, fangen um Mitternacht an „Ännchen von Tharau" zu singen oder dreibastige Sachen zu erzählen; ich horche gar nich hin, werde aber trotzdem rot, ohne Rotspon geschlubbert oder Gläser ausgeleckt zu haben.

Die Frau des gnädigen Herrn, er ist Abgeordneter und meist im preußischen Landtag unterwegs, hat für Sperenzien keine Zeit, dafür ist zuviel Wirtschaft. Im Frühjahr säen wir im Garten ein für Kumst, Sauerteiggurken, Senfgurken, Essiggurken, Salzgurken, Tomaten und ziehen Gussel mit kleingehackten Eiern und Löwenzahnsalat für Gänsebraten mit Majoran auf. Alle paar Tage wird Brot gebacken und gebuttert. Nach dem Separieren bekommen die Kälber die Molke, bis auf eine Flasche, sie wird für die Frau Apotheker aufbewahrt, weil sie eine inwendige Schönheitskur macht; der Schmand wird in ein Butterfaß geschüttet, das ich zwischen meine Knie klemme und so lange mit einem Holzstiel stampfe, bis meine Knie wundgescheuert sind. Nu weiß ich, daß die Butter fest genug is, sie kann geknetet werden, bis alles Wasser rausgelaufen is. Aus abgestandener Milch wird Glumse mit Kümmel für den Knecht Kaminski gemacht, von dem ich weiter hinten noch reden werde.

Abwechslung auf dem Land bringt die große Wäsche alle vierzehn Tage, ich muß sie einweichen, rubbeln, einseifen, spülen, auswringen, auf die Bleiche schleppen, begießen, wieder zusammenlegen, mangeln und bügeln. Im Sommer kommt Einwecken dazu, Obst und Beeren, Johannisbeeren, Erdbeeren, Stachelbeeren, Himbeeren, nicht gerechnet Gurken einlegen, Kumst schneiden, einstampfen, Kartoffeln einkellern. Im Herbst wird geschlachtet, mindestens eine Vierzentnersau muß daran glauben für Wurst, Klopse, Karbonade, Speck, Räucherschinken, dem Pastorchen muß ich Wurstsuppe hintragen, dem Herrn Lehrer frische Spirgel, den Brägen ißt der gnädige Herr, ausschließlich. Mich wundert bloß, wann die Herrin Zeit findet, ihre Kinderchen zu kriegen, sie jeden Abend selber ins Bett zu bringen, im Sommer mit Streuselkuchen oder Mohnstriezel, um Weihnachten mit Honigkuchen und Marzipan. Unser Schweizer ist ein kräftiges Mannsbild, mit starken Muskeln und Haaren hauptsächlich auf der Brust. Von Menschen hält er nich viel, aus Frauen macht er sich nuscht. Er sagt immer: „Das mit de

Weiber vergeht, aber der Durst, der bleibt", dabei trinkt er keinen Tropfen Wasser, weil er dabei denken muß: „Schade um den schönen Durst. "

Kabolske kann der Schweizer schießen, wenn eine Kuh kalben soll, dann verschwindet er für Tage und Nächte mit Laterne, Stricken und Meschkinnesflaschen im Stall, kommt erst zum Vorschein, wenn er ein Kälbchen auf dem Arm wie ein stolzer Vater herumzeigen kann, wehe, wir sagen dann nicht, daß es so glubschen kann wie er.

Der Pferdeknecht Rachull ist ein anderes Kaliber, das blanke Gegenteil von ihm, ist hinter jedem Rockzipfel her, grabscht, knutscht und butscht am liebsten hinter Heuhaufen, weil ihn der frische Duft so gieprig macht. In seinem Fuppchen hat er Lakritz, wonach die Marjellchen leckert, sich aber nuscht dabei denken.

So. Nu muß ich mich sputen, weil gleich die Pferdefuhrwerke mit Karacho vorgefahren kommen. Vorne im Zug fährt in einer Kalesche die Familie der Herrschaft, der gnädige Herr und sein Gutsverwalter reiten auf ihren Pferden in gewichsten Stiefeln voraus. Dann folgt der mit Birkenästen, Mohn- und Kornblumen geschmückte Leiterwagen, beladen mit Gesinde und Instleuten, dazwischen die Gnosen, im Trog abgerubbelt und neu bekoddert, die abends zu Fuß nach Hause laufen müssen, sie möchten sonst an den Erwachsenen ein schlechtes Beispiel nehmen, kann der Mensch wissen, was auf einem Festchen alles passiert?

Auf dem Leiterwagen werden die Beine zwischen die Sprossen geklemmt, damit beim Galopp keiner koppheister geht. Hinterher zockelt der Kastenwagen mit der Menage, was dicht bepackte Kisten, Körbe sind, obenauf Pungel mit harten Eiern, Heringen, Pellkartoffeln, Salzgurken, Speck, gebratenen Hähnchen und geräucherten Würsten. Den Leiterwagen mit den vier Braunen fährt der Gespannführer Rachull, knallt er mit der Peitsche, setzt sich der Wagenzug in Bewegung und verschwindet in einer Staubwolke. Zurück als Wache auf dem Gut, weil sie klapprig sind, bleiben eine alte Tante aus Insterburg mit offenen Beinen und der Hofhund Rolf an der Kette.

Bis wir hinkommen, wird im Dorfkrug schon geschwoft. Die Pferdchen werden in der Remise untergestellt und bekommen in den Hafer, zur Feier des Tages, ein paar Schlubberchen Schnaps geschüttet. An den Biertischen wird laut krakeelt, die Feuerwehrkapelle muß mächtig blasen, damit sie überhaupt gehört wird. Immer mehr Leute treffen ein, aus Nachbardörfern und von abgelegenen Gehöften, Verwandte zweiten und dritten Grades, Durchreisende, Scherenschleifer, Lumpensammler, weil sich so eine Gelegenheit wie ein Lauffeuer rumspricht. Es pladdert nich, so ein Dusel, da werden Feuerchen gemacht, Fische gebraten, Schweine am Spieß, einige wärmen mitgebrachten Schmorkohl auf.

Im Nu steigt die Stimmung, es wird auf Deibel komm raus gescheiwelt und manches Tulpchen Bier getuckelt. Unversehens ein Tusch von der Kapelle, vom Bürgermeisterchen wird angekündigt, wie er sagt, Preistanzen. Er zeigt auf ein Kaburr, in dem sich ein genudeltes Ganterchen befindet, sauber abgerubbelt, mit einer roten Schleife um die Gurgel, fertig.

Der Schneidermeister Überzwerch bekommt seinen Auftritt wie jedes Jahr, erklärt die Regeln und stellt das Preisgericht vor. „Der Wettbewerb ist hiermit", spricht er, „eröffnet."

Unser Knecht Kaminski, das ist das Jungchen mit dem Kümmel in der Glumse, stürzt als erster auf die Tanzfläche, zergt eine Marjell an der Hand hinter sich her und dreht sie wild im Kreise. Bald trauen sich die übrigen auch, kichern und gniddern erst, können dann aber nich genug bekommen, so macht es ihnen Spaß herumzuscheiweln. Die Kapelle spielt Polka, Walzer, Rheinländer, daß es nur so kracht. Mit einem Mal is Schluß. Das Preisgericht steckt die Glumsköppe zusammen, bekunkelt und bekakelt, endlich redet der Schneider von einem Stuhl:

„Ich bitte die Festversammlung um, sagen wir mal, Ruhe." Niemand hört ihm vor lauter Spektakel zu, da holt der Krugwirt seine Flinte unter der Theke vor und schießt dreimal gegen die Holzdecke.

„Der diesjährige Preis ist, wie der Augenschein beweist, bekannt. Das Ganterchen hat ein ungenannt bleiben wollender Spender gestiftet."

„Bravo", ruft die Menge, „hundert Jahre soll er leben. Prosit!"

Der Schneider fuchtelt mit den Händen, mahnt zu Geduld.

„Der erste Preis wird zugesprochen, einstimmig, dem Knecht Kaminski und seiner Marjell. Es wird hiermit gebeten, zur Preisübergabe vorzutreten, sofort."

In diesem feierlichen Augenblick, Donnerschlag, fliegt die Saaltür auf, herein poltert ein Krät von Mensch, rot vor Zorn wie ein Kurr, Truthahn, fuchtig krakeelend:

„Halt, das Ganterchen gehört, sage ich, mir!"

Der Schneider Überzwerch, schwer von Begriff, kapiert nicht.

„Du hast gar nicht mitgetanzt, ich kann es beschwören."

„Den Deibel habe ich. Das Ganterchen wurde mir heute Nacht gestohlen!"

Erst lähmende Stille, Entsetzen, dann lautes Geschrei und Gejohle im Saal. Sputig bilden sich Parteien, schreien sich an, beginnen sich zu kabbeln und zu verprügeln. Der fremde Gnuspel von Mensch springt kopfüber in das Getümmel mit dem alten ostpreußischen Schlachtruf:

„Strit ju nich, schlagt ju lewer."

Überzwerch versucht umsonst zu schlichten, die Mannchens und Jungchens halten abgebrochene Stuhlbeine in der Hand, wuchten Schemel, werfen mit Gläsern und Krucken.

„Schwindler, Betrüger, Kopscheller", rufen die einen, „Recht muß Recht bleiben", die anderen. Madamchen, Frauen, Großchen, Marjellchen flüchten hinter die Theke, peesen plinsend ins Freie. Die Kapelle versucht den Kampflärm zu überspielen, vergebens, bringt erst die Instrumente in Sicherheit und kloppt dann mit.

Im Durcheinander behält nur einer die Ruhe, der Krugwirt. Liegt ein Mensch platt wie eine Flunder auf den Holzdielen, packt er ihn am Schlafittchen, zergt ihn nach draußen und wirft ihn auf den Kastenwagen, wo schon Bewußtlose und Betrunkene, egal koppheister, schichtweise übereinandergestapelt liegen. Mit der Zeit werden Kämpfer und Helden zu Opfern, sämtlich, niemand ist mehr da, der sich prügeln könnte. Frieden kehrt ein, aus, alles hat ein Ende, Erschöpfung.

Die Herren am Honoratiorentisch in einer sicheren Ecke hinter Stützpfeilern, der Pastor, der Graf, der Tierarzt, der Gutsverwalter und unser gnädiger Herr amüsieren sich bis nach Mitternacht. Von Zeit zu Zeit steckt der Pferdeknecht Rachull seinen Deetz durch die Tür im Krug, ruft: „De Peerde sind all voll bis oben – sind de Herren oach bald so wiet?"

Hier hat meine Erinnerung ein Ende. Mir war dun und schwiemelig, der gute Herr Enspekter hat dafür gesorgt, daß wir, irgendwie, nach Hause gekommen sind. Ach Gottchen ja, was wurde nich herumgekalbert! Es war ein schönes Dorffest im Krug. Erbarmung.

PS. Dieses Jahr schenkte mir der Herr Rittmeister zu Weihnachten zum Kopftuch eine fein bestickte Schürze extra. Mich geniert, daß er so spendabel is. Wird doch kein Malheur passiert sein? In ein paar Monatchen sieht man, so oder so, mehr. Derweil hätte es mit der Schürze vom Herrn Enspekter keine Eile gehabt.

Ach Gottchen, ja:
Heimat – was ist das?

Wer sich um eine weitere begriffliche Definition bemüht, begibt sich in noble Gesellschaft, abgesehen von ideologischen Ignoranten und extremistisch Verklemmten. Es geht auch nicht um eine „Pflichtübung", so Peter Bichsel: „Ich habe die Heimat zu lieben, ich habe die Heimat zu loben, zu verteidigen, in mein Herz zu schließen, auf sie stolz zu sein, allem anderen vorzuziehen." Jedenfalls ist Abklärung, Aufklärung nötig.

Naheliegender sind analoge Betrachtungen Augustinus' über die „Zeit": „Solange mich niemand danach fragt, ist es mir, als wüßte ich es; fragt man mich aber und soll ich es erklären, dann weiß ich es nicht mehr."

Heimat wird ersehnt, gesucht – überall und (noch) nirgends? „Meine Heimat ist dort droben" (Paul Gerhardt im Kirchenlied) und „Der Mensch lebt überall in der Vorgeschichte . . . so entsteht in der Welt etwas, das allen in die Kindheit scheint und worin noch niemand war: Heimat" (Ernst Bloch).

Herman Bausinger schreibt zur „Begriffsgeschichte als Problemgeschichte" (1983): „Sichtet man die Belege, die im Grimmschen Wörterbuch für das Wort Heimat zusammengetragen wurden, so wird schnell offenkundig, daß der Gebrauch schon sehr verschieden, die Bedeutung nicht einheitlich war. Jahrhundertelang war Heimat konkret, ein Hof, die Scheune, der Erbe bekam sie als ‚Heimat'. Familienangehörige gingen leer aus, im Geburtshaus, zu Hause konnte man durchaus heimatlos werden."

Heimat braucht sinnenhafte Konkretisierung, bildet so Sinn. „Kann jemand wissen, was Heimat bedeuten kann, wenn er nicht weiß, wie es war, wenn er oder sie die Namen der Großeltern nicht kennt, ihre Lebensweise vergessen und versunken ist, wenn er oder sie keine ‚roots', keine Wurzeln hat?" (Dorothee Sölle, 1981).

Heimat wohlverstanden erschöpft sich nicht in lokali-

109

siertem Provinzialismus noch in musealem Vergangenheitskult, sie lebt in Menschen – weiter.

„Wieviel Heimat braucht der Mensch?" schrieb Jean Améry (1912–1978) in seinem Buch „Jenseits von Schuld und Sühne": „Heimat ist Sicherheit, sage ich. In der Heimat beherrschen wir souverän die Dialektik von Kennen – Erkennen, von Trauen – Vertrauen . . . In der Heimat leben heißt, daß sich von uns das schon Bekannte in geringfügigen Varianten wieder und wieder ereignet. Das kann zur Verödung und zum geistigen Verfall in Provinzialismus führen, wenn man die Heimat kennt und sonst nichts . . . Hat man aber keine Heimat, verfällt man der Ordnungslosigkeit, Verstörung, Zerfahrenheit . . . Auf die Frage, wieviel Heimat der Mensch braucht, möchte ich sagen: um so mehr, je weniger er mit sich tragen kann." Erfahrene, erlebte Heimat ist eine gute Voraussetzung, eine neue Heimat zu begründen.

Was Heimat bedeutet, ist geradezu ohne die Erfahrung von Fremde nicht zu erschließen. „Man darf nicht zu früh Heimat mit einem räumlichen Bereich gleichsetzen. Die vertrauten menschlichen Beziehungen gehören ebenso dazu, die Familie und die Verwandten und die alten Freunde, die vertrauten Gewohnheiten, Gebräuche und Sitten, die Art, die Feste zu feiern, und allgemein die festen Ordnungen, in denen das Leben abläuft. Darüber hinaus hat die Heimat auch eine zeitliche Erstreckung . . . Die Tradition gehört zu der im vollen Sinn genommenen Heimat" (Friedrich Bollnow).

Die Frage nach Heimat zielt letztlich auf den Menschen als Mittelpunkt, um den es in Wirklichkeit geht. „Bei jedem neuen Menschen, der uns begegnet, stellt sich die Frage: wie weit reicht seine Heimat, wo mag er wirklich zu Hause sein? Jede Bemühung um Selbsterkenntnis wie um Kenntnis des Andern schließt diese Frage ein" (Carl Jacob Burckhardt, 1954).

Heimat, das ist mehr als ein Begriff, Menschen gehören dazu, ihre Art und Weise zu leben und zu sterben, wie sie arbeiten, feiern, lieben, weinen und lachen. Heimat ist auch

110

kein bloßes Gefühl, sie ist eine Aufforderung, Aufgabe zur Mitgestaltung einer heimischen Umwelt angesichts der Tatsache, daß immer mehr Menschen von Heimatlosigkeit bedroht werden.

Ostpreußen: Land ohne Menschen – Menschen ohne Land.

Die reizvolle, häufig als einmalig gepriesene Landschaft, Natur Ostpreußens hat seit je anziehende Wirkung auf Zuwanderer, Missionare, Besucher, Kaufleute, Fremdheere ausgeübt. Flüchtlinge aus Frankreich wanderten ein, Hugenotten, protestantische Salzburger aus Österreich, litauische Dissidenten flohen ihr Königreich, deutschstämmige Russen siedeln von Kasachstan um. Den Ansässigen sind nicht alle Gäste gut bekommen.

Von der zu den baltischen Stämmen gehörenden Urbevölkerung der Nadrauer, Galinder, Natanger, Schalauer u. a. m. bis hin zu den Pruzzen, Prußen, ist außer Fundstücken, Sprachfetzen in einem Katechismus, kaum etwas übrig geblieben.

Im zwanzigsten Jahrhundert wurde zumal Nordostpreußen, fast so groß wie Schleswig-Holstein, nach dem Zweiten Weltkrieg vorsätzlich von den letzten Einwohnern gesäubert, wie jüngst in Moskau freigegebene Dokumente belegen. Die Entleerung des Territoriums, die ethnische Säuberung von dort einheimischen Menschen überbot die Auswirkungen selbst der Großen Pest.

Im Westen rechnete man gewöhnlich mit einer „automatischen" Löschung der Erinnerung an das Land, spätestens mit dem Aus der sogenannten „Erlebnisgeneration" durch ihren „biologischen Tod". Der Zynismus spricht für sich, die Rechnung ist nicht aufgegangen.

Menschen, die in Ostpreußen lebten oder das Land vorübergehend kennenlernten, haben eine neue Heimat gefunden, ohne die frühere aufzugeben, sie sind heimat-los geworden, aber nicht geschichtslos. Ostpreußen lebt im Geist und in Herzen weiter, trotz mannigfacher Behinderungen, Verschweigen von Sprache, Kultur, Namen (. . . „die keiner mehr nennt") in der Öffentlichkeit.

25 Prozent des deutschen Staatsgebietes gingen verloren, kann es aber eine deutsche Dreiviertelkultur geben, die 800 Jahre deutsche Kultur- und Geistesgeschichte erkennbar verschweigt?

Um so erstaunlicher, daß die neuen Bewohner im Kaliningradskaja Oblast beginnen, sich für die Menschen und die Geschichte zu interessieren, die vor ihnen da waren. Eine geschichtslose Existenz scheint ihnen das größere Übel zu sein. Frühere und neue Bewohner treten gemeinsam den lebendigen Beweis an für die Erkenntnis von William Faulkner: „Die Vergangenheit ist niemals tot, sie ist nicht einmal vergangen."

Wie es Ostpreußen in der Fremde, Diaspora, verstreut fertiggebracht haben, ihrer Heimat treu zu bleiben, ohne das Land über 40 Jahre lang betreten zu dürfen – niemand von ihnen lebte dort (in Nordostpreußen) – gehört wohl zu ihren wundersamen Geheimnissen. Wahrscheinlich hängt es mit ihren charakterlichen Eigenheiten zusammen, sie galten stets als zäh, robust, stur. „Und sie besaßen eine Seele, zu deren Eigenarten blitzhafte Schläue gehörte und schwerfällige Tücke, tapsige Zärtlichkeit und eine rührende Geduld" (Siegfried Lenz). Vor allem half ihnen ein unerschöpflicher Humor, schlechte und gute Zeiten überstehen. Er ermöglichte ihnen traurige Anlässe, gar Beerdigungen, in fröhliche Feste zu verwandeln und bei freudigen Ereignissen mit den berühmten ostpreußischen Tränen in den Augen nicht zu sparen. Alle Eigenschaften zusammengenommen machen „waschechte" Ostpreußen aus.

Der Königsweg zum Kennenlernen von Land und Leuten sind Geschichten von gestern und heute, die Geschichte geht weiter und damit auch ihre Geschichten. Sie eignen sich zum Weitererzählen, Weitergeben, versöhnlichem Zusammenleben. Sie bieten die Chance, kommende Generationen, neue Bewohner in die Geschichte des Landes, von Menschen einzubinden, auf Zukunft hin, vielleicht in europäischem Rahmen.

Kein Weg führt daran vorbei: Ostpreußen, das Land, die

Natur muß man lieben. Waschechte Ostpreußen sowieso, andere können lernen, um Leiden und Freuden wissend, Tränen zu lachen. Martin Walser gab zu Protokoll, als es nicht opportun war, frühere Namen wie Königsberg auszusprechen, „den Verlust bedauern will ich dürfen! Daß man noch nicht einmal darüber traurig sein darf, das ist so entsetzlich."

Es sieht so aus, als ob alle, waschechte und angelernte Ostreußen, die Ostpreußen lieben, zukünftig in Königsberg, Kaliningrad, im Bernsteinland Jantar gemeinsam auch werden lachen können.

Heimat Ostpreußen? Zum Tränenlachen! Erbarmung.

G. H. R.

Inhalt

Ostpreußen im HUSUM TASCHEN BUCH

 **HUSUM** HUSUM DRUCK-
UND VERLAGSGESELLSCHAFT
Postfach 1480 · D-25804 Husum

Regionalia im HUSUM TASCHEN BUCH

Anekdoten aus Baden-Württemberg · aus Bayern · aus Berlin · aus Brandenburg · aus Hamburg · aus Hessen · aus Mecklenburg-Vorpommern · aus Niedersachsen · aus Ostpreußen · aus Pommern · aus Sachsen · aus Schlesien · aus Schleswig-Holstein 1 · aus Schleswig-Holstein 2 · aus Thüringen · aus Westfalen · vom Militär – **Entdecken und erleben (Reiseführer):** Mecklenburg-Vorpommerns Kunst · Niedersachsens Kunst · Niedersachsens Literatur · Ostpreußens Literatur · Schleswig-Holsteins Geschichte · Schleswig-Holsteins Kunst · Schleswig-Holsteins Literatur – **Im Gedicht:** Berlin · Schleswig-Holstein – Schlesische **Kinderreime** – **Kinder- und Jugendspiele** aus Schleswig-Holstein 1 · aus Schleswig-Holstein 2 · aus Schleswig-Holstein 3 · aus Westfalen – **Kindheitserinnerungen** aus Berlin · aus Hamburg · aus Köln · vom Niederrhein · aus Oberschlesien · aus Ostpreußen · aus Pommern · aus Sachsen · aus Schlesien · aus Schleswig-Holstein · aus Westfalen – **Komponisten** aus Schleswig-Holstein – **Krippengeschichten** aus Deutschland – **Legenden** der kanadischen Indianer – **Lügengeschichten** aus Schleswig-Holstein – **Märchen** aus Baden-Württemberg · aus Mecklenburg · aus Niedersachsen · aus Schleswig-Holstein · aus Westfalen – **Redensarten** aus Hessen – **Aus dem Sagenschatz** der Brandenburger und Schlesier · der Franken · der Hessen · der Niedersachsen und Westfalen · der Ostpreußen und Pommern · der Sachsen · der Schleswig-Holsteiner und Mecklenburger · der Schwaben · der Thüringer – **Volkssagen** aus Niedersachsen – **Sagen** aus Baden-Württemberg · aus Franken · aus Hamburg · aus Mecklenburg · aus Schlesien · aus Schleswig-Holstein · aus Südtirol · aus Westfalen – **Schulerinnerungen** aus Franken · aus Hamburg · aus Mecklenburg · aus Niedersachsen · aus Ostpreußen · aus Schleswig-Holstein – **Schwänke** aus Bayern · aus Franken · aus Niedersachsen · aus Schwaben · aus Schleswig-Holstein – **Sprichwörter** aus Hessen · **Sprichwörter und Redensarten** aus Mecklenburg · aus Schleswig-Holstein – **Plattdeutsche Sprichwörter** aus Niedersachsen – **Weihnachtsgeschichten** aus Baden · aus Bayern · aus Berlin · aus Brandenburg · aus Bremen · aus Franken · aus Hamburg · aus Hessen · aus Köln · aus Mecklenburg · aus München · vom Niederrhein · aus Niedersachsen · aus Oberschlesien · aus Ostpreußen · aus Pommern · aus dem Rheinland und der Pfalz · aus Sachsen · aus Schlesien · aus Schleswig-Holstein 1 · aus Schleswig-Holstein 2 · aus Schwaben · aus dem Sudetenland · aus Thüringen · aus Westfalen · aus Württemberg – **Weihnachtsmärchen und Weihnachtssagen** aus Schleswig-Holstein – **Witze** aus Hamburg · aus Mecklenburg · aus Ostpreußen · aus Pommern · aus Sachsen · aus Schleswig-Holstein

HUSUM DRUCK-
UND VERLAGSGESELLSCHAFT
Postfach 1480 · D-25804 Husum